Minna no Nihongo

みんなの日本語中級Ⅰ
くり返して覚える単語帳

高梨信乃　中西久実子

スリーエーネットワーク

© 2015 by 3A Corporation

All rights reserved. No part of this publication may be reproduced, stored in a retrieval system, or transmitted in any form or by any means, electronic, mechanical, photocopying, recording, or otherwise, without the prior written permission of the Publisher.

Published by 3A Corporation.
Trusty Kojimachi Bldg., 2F, 4, Kojimachi 3-Chome, Chiyoda-ku, Tokyo 102-0083, Japan

ISBN 978-4-88319-709-5 C0081

First published 2015
Printed in Japan

はじめに

　『みんなの日本語中級Ⅰ くり返して覚える単語帳』は、『みんなの日本語中級Ⅰ 本冊』の各課の新出語の確認、整理、定着を図るための単語帳のような問題集です。単語帳というのは、ことばを覚えるために繰り返して使うノートという意味です。

　各課の問題は、ことばの予習や復習に利用することができます。特に復習としては、一度だけでなく、何度も繰り返して使えるように作られています。

　また、教師が回収してチェックすることにより、学習者の習得状況を把握し、日々の指導の充実に役立てていただけるよう配慮されています。

　各課4ページの問題は、「文法・練習（話す・聞く）」→「文法・練習（読む・書く）」→「話す・聞く」→「読む・書く」で構成されています。また、3課ごとに「復習」を、最後に「総復習」を入れました。

　すべての課には新出語について読み方を書く問題があります。一度習った読み方を忘れないようにするために、あえてそれらの新出語にはふりがなをつけていません。また、初級レベルと考えられることばにもふりがなをつけていません。初級レベルで読めるようになってほしいと考えられる漢字にもふりがなをつけていません。

　問題は各課の新出語彙を中心に作ってあります。問題は大きく分けて3種類あります。a）漢字の読み方をひらがなで書く問題、b）①②③など番号で答える問題、c）☐からことばを選んで日本語で答える問題です。c）は漢字とひらがなのどちらで答えを書いてもかまいません。

　この本の使い方の一例は次のとおりです。
1）1回目はページの右の解答欄に答えを書き、正しいかどうかを確かめます。左の（　　）には答えを書かないでください。
2）2回目以降は右の解答欄を見ないで正しく答えられるかを確かめます。
3）間違えたところは、何度も繰り返して覚えるようにします。

　さらに、学習者のみなさんに新出語の重要度が一目でわかるように、巻末にリストをつけました。

　この教材をお使いになってのご意見、ご感想などをお寄せいただければ幸いです。

2015年1月

高梨信乃
中西久実子

第1課

文法・練習 (話す・聞く)

1. 読み方を書きましょう。
   1) 迷う　　　　　　　　2) 先輩

2. ＿＿＿の部分とだいたい同じ意味のものを①〜④から選びましょう。
   1) 水が出なくて困っていたら、先輩が助けてくれた。（　）
      ① アパートを管理する人　② 同じ大学の人
      ③ 隣に住んでいる人　④ 学校や会社に先に入った人
   2) 道に迷ったので、約束の時間に遅れてしまいました。（　）
      ① 途中でほかのことをした　② 近道でなく遠いほうの道を行った
      ③ 道が込んでいた　④ どの道を行ったらいいかがわからなかった

文法・練習 (読む・書く)

3. 読み方を書きましょう。
   1) [性格が] 明るい　　　9) 正座
   2) 父親　　　　　　　　10) 作家
   3) 湖　　　　　　　　　11) 留守中
   4) 目指す　　　　　　　12) 立派な
   5) 命　　　　　　　　　13) 欠点
   6) 畳　　　　　　　　　14) [2時] 過ぎ
   7) 座布団　　　　　　　15) 似合う
   8) 床

4. ＿＿＿の部分とだいたい同じ意味のものを①〜④から選びましょう。
   1) この子は将来立派な人になるだろうと思う。（　）
      ① 何でも自分でする　② 友達が多い
      ③ 背が高い　④ すばらしい
   2) 作文をきちんと書いてください。（　）
      ① 細かくまっすぐ　② たまに小さく
      ③ 正しくきれいに　④ ゆっくり自由に

1.
1) ＿＿＿＿＿う
2) ＿＿＿＿＿

2.
1) ＿＿＿＿＿
2) ＿＿＿＿＿

3.
1) [性格が] ＿＿＿るい
2) ＿＿＿＿＿
3) ＿＿＿＿＿
4) ＿＿＿＿＿す
5) ＿＿＿＿＿
6) ＿＿＿＿＿
7) ＿＿＿＿＿
8) ＿＿＿＿＿
9) ＿＿＿＿＿
10) ＿＿＿＿＿
11) ＿＿＿＿＿
12) ＿＿＿＿＿な
13) ＿＿＿＿＿
14) [2時] ＿＿＿ぎ
15) ＿＿＿＿＿う

4.
1) ＿＿＿＿＿
2) ＿＿＿＿＿

5. ①〜④から正しいことばを選んで書きましょう。
   1) 立派な（　）たい。
      ① 海に行き　② 野菜が食べ
      ③ うちに住み　④ 情報が聞き
   2) その女の子は（　）人形のようにかわいいです。
      ① どんなに　② しばらく
      ③ きちんと　④ まるで

話す・聞く

6. 読み方を書きましょう。
   1) お礼
   2) 内容
   3) 聞き取る
   4) 表現
   5) 部分
   6) 市民会館
   7) 伝統的な
   8) 実際に
   9) 奨学金
   10) 推薦状
   11) 交流
   12) 司会
   13) 目上
   14) 断る
   15) 引き受ける

7. ＿＿＿の部分とだいたい同じ意味のものを①〜④から選びましょう。
   1) どこに留学するか迷っている。（　）
      ① 相談している　② わからない
      ③ 調べている　④ 考えていて一つに決められない
   2) 一度実際に、畳の部屋がある家を見てみたいと思っています。（　）
      ① 自分がそこに行って　② きちんと
      ③ ゆっくり　④ 連絡してから
   3) この国の伝統的な文化を勉強したいと思っている。（　）
      ① ほかの国から教えてもらった
      ② 田舎の人が前から習慣にしている
      ③ 神社に関係がある
      ④ 何百年も前からその国の人たちが伝えてきた
   4) 今日の授業のポイントはどこですか。（　）
      ① 意味がわからないところ　② 忘れやすいところ
      ③ 大切なところ　④ 難しいところ

5.
1) _____
2) _____

6.
1) お_____
2) _____
3) ____き____る
4) _____
5) _____
6) _____
7) _____な
8) _____に
9) _____
10) _____
11) _____
12) _____
13) _____
14) _____る
15) ____き____ける

7.
1) _____
2) _____
3) _____
4) _____

8. ☐ から正しいことばを選んで書きましょう。

1) どんな（　　　）の手紙ですか。
　…試験に合格したと書いてあります。
　| 内容　部分　表現　交流 |

2) このパーティーは特別な服で行く必要はありません。（　　　）着ている服で来てください。
　| ふだん　たまに　時々　あまり |

3) あの人は話すのが上手なので、パーティーで（　　　）をしてもらいたい。
　| 管理　研究　交流　司会 |

4) 家を見たいと頼むときどんな（　　　）を使いますか。
　| 部分　場合　規則　表現 |

9. ☐ からことばを選んで正しい形に変えて書きましょう。
　| 聞き取る　迷う　引き受ける　断る　行く |

1) 家の中を見たいと頼まれたが、掃除をしていないので（　　　）しまった。

2) 何とか交流パーティーの司会を（　　　）いただけないでしょうか。

3) これからＣＤを聞きます。丁寧に頼む表現を（　　　）ください。

4) シャツの色は白か黒か、（　　　）たが、白を買った。

読む・書く

10. 読み方を書きましょう。

1) 印象
2) 住まい
3) 重ねる
4) 板張り
5) 素足
6) 使い分ける
7) 良さ
8) 読み取る
9) 旅行者
10) 最も
11) 非常に
12) 代表する
13) 全体に
14) 敷く
15) 動かす
16) 組み合わせる
17) 客間
18) 居間
19) 仕事部屋
20) 呼吸する
21) 湿気
22) 快適な
23) 清潔に
24) 本文
25) 一戸建て

8.
1) ＿＿＿＿＿＿
2) ＿＿＿＿＿＿
3) ＿＿＿＿＿＿
4) ＿＿＿＿＿＿

9.
1) ＿＿＿＿＿＿
2) ＿＿＿＿＿＿
3) ＿＿＿＿＿＿
4) ＿＿＿＿＿＿

10.
1) ＿＿＿＿＿＿
2) ＿＿＿＿まい
3) ＿＿＿＿ねる
4) ＿＿＿＿り
5) ＿＿＿＿＿＿
6) ＿＿＿いける
7) ＿＿＿＿さ
8) ＿＿＿み＿＿る
9) ＿＿＿＿＿＿
10) ＿＿＿＿も
11) ＿＿＿＿に
12) ＿＿＿＿する
13) ＿＿＿＿に
14) ＿＿＿＿く
15) ＿＿＿＿かす
16) ＿＿＿み＿＿わせる
17) ＿＿＿＿＿＿
18) ＿＿＿＿＿＿
19) ＿＿＿＿＿＿
20) ＿＿＿＿する
21) ＿＿＿＿＿＿
22) ＿＿＿＿な
23) ＿＿＿＿に
24) ＿＿＿＿＿＿
25) ＿＿＿＿て

26) 小学生　　　　　27) 日常生活

11. ＿＿＿の部分とだいたい同じ意味のものを①～④から選びましょう。
1) <u>たんす</u>はどこにありますか。（　）
① 車を置く場所　② お客様の部屋
③ 座るとき敷くもの　④ 服を入れる家具
2) 素足で畳の上を歩くと、<u>快適</u>です。（　）
① 便利　② 冷たい　③ 体にいい　④ 気持ちがいい

12. ＿＿からことばを選んで<u>正しい形に変えて</u>書きましょう。

たたむ　重ねる　閉める　折る

1) 台所が狭いので、コップは使わないときは（　　　　）て置いています。
2) バスの中で邪魔になるので、傘は小さく（　　　　）ください。
3) 寒かったので、窓を（　　　　）て寝ました。

13. ＿＿から正しいことばを選んで書きましょう。

実際に　最も　ふだん　まるで　快適に

　田中さんはドバイに行ってパン屋を始めた。田中さんが作る日本のパンは「（　①　）ケーキのようにやわらかくておいしい」とよく売れた。ドバイで（　②　）人気があるのはメロンパンだ。しかし、甘い豆を使っているあんパンだけは全然売れなかった。それで、田中さんは（　③　）ドバイの人の家に行って食事を見せてもらった。ドバイの人が（　④　）食べているのは甘くない豆だったので、甘くない豆のあんパンを作った。すると、少し売れるようになった。　※豆…beans

第2課

文法・練習 (話す・聞く)

1. 読み方を書きましょう。

   1) 結果
   2) 外来語
   3) 守る
   4) 郵便
   5) 栄養
   6) 環境
   7) 省エネ
   8) 学習する
   9) 記事
   10) 辺り
   11) 事件
   12) 奪う
   13) 干す
   14) 以外

2. ＿＿＿の部分とだいたい同じ意味のものを①～④から選びましょう。

   1) 鈴木さんと渡辺さんが結婚するといううわさがある。（　）
      ① と本に書いてある　② とみんなが話している
      ③ という連絡がある　④ と新聞に書いてある
   2) 黒以外のペンは使ってはいけない。（　）
      ① 黒のペンしか使ってはいけない　② 黒のペンは使ってはいけない
      ③ 黒のペンだけ使ってはいけない　④ 黒のペンも使ってはいけない
   3) この辺りには一戸建ての家は少ない。（　）
      ① この道　② ここ　③ この町　④ ここやこの近く

3. ＿＿＿からことばを選び、必要なら正しい形に変えて書きましょう。

   1) 太りたくないので、夜は（　　　　）が高いものを食べないようにしている。

      | 栄養　カロリー　ポイント　味 |

   2) 工場ができてから、この町の（　　　　）は悪くなった。

      | 環境　場所　エコ　省エネ |

   3) 母はいつもテーブルを（　　　　）から料理を並べる。

      | 干す　洗う　ふく　掃除する |

   4) 最近、お年寄りがお金を奪われる（①　　　　）が増えているという（②　　　　）を読みました。

      | 印象　事故　記事　事件 |

   5) 生まれてから一度もうそを（　　　　）ことがない人はいるだろうか。

      | する　出す　つく　見せる |

1.
1) ＿＿＿
2) ＿＿＿
3) ＿＿＿る
4) ＿＿＿
5) ＿＿＿
6) ＿＿＿
7) ＿＿＿エネ
8) ＿＿＿する
9) ＿＿＿
10) ＿＿＿り
11) ＿＿＿
12) ＿＿＿う
13) ＿＿＿す
14) ＿＿＿

2.
1) ＿＿＿
2) ＿＿＿
3) ＿＿＿

3.
1) ＿＿＿
2) ＿＿＿
3) ＿＿＿
4) ① ＿＿＿
   ② ＿＿＿
5) ＿＿＿

文法・練習 (読む・書く)

4. 読み方を書きましょう。
1) 本物　　　3) 四角い
2) 飛ぶ　　　4) 腕

5. 次の意味を持つことばを書きましょう。
1) その人が生まれて大きくなった土地 （　　　）
2) 寝るときに着る服 （　　　）

話す・聞く

6. 読み方を書きましょう。
1) 不在連絡票　　　4) 休日
2) [ワットさん]宅　　5) 断水
3) 工事

7. ＿＿＿の部分とだいたい同じ意味のものを①～④から選びましょう。
1) あしたの午後、断水の予定だ。（　）
　① 水を飲まない　② 水が止まる
　③ 水が汚くなる　④ 水を使わない
2) お忙しいところを来てくださって、ありがとうございます。（　）
　① お忙しいのに　② お忙しければ
　③ お忙しい場合は　④ お忙しいので

8. ＿＿からことばを選び、必要なら正しい形に変えて書きましょう。
1) [不在連絡票]
　ご不在でしたので、持ち帰りました。ご（①　　　）のよい
　（②　　　）をご連絡ください。

　| 質問　都合　調子　日と時間 |

2) [断水のお知らせ]
　日時：11月4日（水）14:00～17:00
　ご迷惑をおかけしますが、ご（　　　）をお願いいたします。

　| 参加　協力　質問　不便 |

3) 小林さんだと思って、「こんにちは」と言ったら、ほかの人だった。
　とても恥ずかしかった。今度からはよく（①　　　）てから
　（②　　　）よう。

　| 話しかける　確かめる　届ける　頼む |

4.
1) ＿＿＿
2) ＿＿＿ぶ
3) ＿＿＿い
4) ＿＿＿

5.
1) ＿＿＿
2) ＿＿＿

6.
1) ＿＿＿
2) [ワットさん]＿＿＿
3) ＿＿＿
4) ＿＿＿
5) ＿＿＿

7.
1) ＿＿＿
2) ＿＿＿

8.
1) ① ＿＿＿
　② ＿＿＿
2) ＿＿＿
3) ① ＿＿＿
　② ＿＿＿

読む・書く

9. 読み方を書きましょう。

1) 苦手
2) 紛らわしい
3) 正確
4) 筆者
5) 宇宙人
6) 全く
7) 別の
8) [僕^{ぼく}]自身
9) 友人
10) 例えば
11) 場合
12) 普通
13) 必要
14) 文章
15) 比べる

10. ＿＿＿の部分とだいたい同じ意味のものを①～④から選びましょう。

1) うどんとラーメンは同じように見えるが、全く別の料理だ。（　）
   ① ほかの　② 違う　③ 特別な　④ 一つの
2) この料理は栄養のバランスが取れている。（　）
   ① カロリーが高い　② 栄養があって値段が安い
   ③ いろいろな栄養が入っている　④ 食べても太らない
3) 「湖」の筆者は18歳の女の人だ。（　）
   ①「湖」という絵を書いた人　②「湖」という文章を書いた人
   ③「湖」という字を書いた人　④「湖」という話の中の人
4) 日本人が日本語を教えるのは簡単だと言う人がいるが、とんでもない。（　）
   ① 本当に簡単だ。　② 全然簡単ではない。
   ③ あまり簡単ではない。　④ 簡単かもしれない。

11. ＿＿＿から正しいことばを選んで書きましょう。

| 住所　場所　メールアドレス　メール |

1) 「アドレス」は日本語では（①　　　）ではなくて、（②　　　）の意味だ。
2) 好きな人に連絡するとき、（　　　）と電話のどちらを使いますか。

9.
1) ＿＿＿＿＿
2) ＿＿＿＿らわしい
3) ＿＿＿＿＿
4) ＿＿＿＿＿
5) ＿＿＿＿＿
6) ＿＿＿く
7) ＿＿＿の
8) [僕]＿＿＿
9) ＿＿＿＿＿
10) ＿＿＿えば
11) ＿＿＿＿＿
12) ＿＿＿＿＿
13) ＿＿＿＿＿
14) ＿＿＿＿＿
15) ＿＿＿べる

10.
1) ＿＿＿＿
2) ＿＿＿＿
3) ＿＿＿＿
4) ＿＿＿＿

11.
1) ①＿＿＿
　 ②＿＿＿
2) ＿＿＿＿

12. ☐からことばを選び、必要なら正しい形に変えて書きましょう。

下手　紛らわしい　悪い　立派　正確　必要

1）カタカナの「ソ」と「ン」は（　　　　）。
2）この部屋には勉強に（　　　　）ものが全部置いてある。
3）マリアさんが話す日本語はゆっくりだが、（　　　　）。
4）わたしは若いころ字が（　　　　）たので、手紙もワープロで書いていた。
5）土曜日は都合が（　　　　）なったので、日曜日に変えていただけないでしょうか。

全く　まるで　いまだに　いまさら　例えば

6）あしたはテストだが、（　　　　）頑張っても、間に合わない。
7）この景色は、この写真と（　　　　）同じだ。
8）この本に出てくることばは、わたしにとって（　　　　）外国語みたいに難しい。
9）村上春樹の小説は外国でもとても有名です。（　　　　）、『ノルウェイの森』は10か国以上の国で読まれています。

13. ☐から正しいことばを選んで書きましょう。

よく　いまだに　何とか　いまさら

　大学へ行くとき、駅で（ ① ）会う人がいる。同じ高校にいた人だということはわかっているのだが、（ ② ）名前が思い出せない。彼はわたしの名前を知っていて、「小川君、おはよう」と言ってくれる。わたしも名前を呼びたいけど、（ ③ ）聞くのもおかしいし、どうしたらいいだろう。

12.
1）＿＿＿＿＿
2）＿＿＿＿＿
3）＿＿＿＿＿
4）＿＿＿＿＿
5）＿＿＿＿＿
6）＿＿＿＿＿
7）＿＿＿＿＿
8）＿＿＿＿＿
9）＿＿＿＿＿

13.
①＿＿＿＿＿
②＿＿＿＿＿
③＿＿＿＿＿

第3課

文法・練習 (話す・聞く)

1. 読み方を書きましょう。

1) 担当する
2) アルバイト先
3) 店長
4) 研修
5) 話し合う
6) 通勤する
7) 減らす
8) 引っ越す
9) 家庭
10) 事情
11) 幼稚園
12) 昼寝する
13) 帰国する
14) 来社
15) 新製品
16) 発表会

2. ☐から正しいことばを選んで書きましょう。

1) たばこの火が（　　　）で火事になりました。

| 事情　原因　うわさ　環境 |

2) 出かけるとき、居間のエアコンを切るのを忘れたので、（　　　）に帰って切ってきます。

| 家庭　家　事務所　一戸建て |

3) ちょっと家庭の（　　　）で国に帰らなければなりません。

| 調子　必要　事情　原因 |

4) ごみを（　　　）ために、買い物に行くときは自分の袋を持って行きます。

| 干す　奪う　減らす　動かす |

3. ☐からことばを選び、必要なら正しい形に変えて書きましょう。

| 担当する　呼吸する　昼寝する　引っ越す　通勤する |

1) 来月からこの仕事を（　　　）ことになりました。よろしくお願いします。
2) 昼ごはんのあと子どもはみんな1時間（　　　）ので、この幼稚園は静かになる。
3) 会社まで遠いので、新幹線で（　　　）つもりです。
4) 先週（　　　）てきたばかりなので、近くにどんなお店があるかわからない。

1.
1) ＿＿＿する
2) アルバイト＿＿
3) ＿＿＿＿＿
4) ＿＿＿＿＿
5) ＿＿し＿う
6) ＿＿＿する
7) ＿＿らす
8) ＿＿っ＿す
9) ＿＿＿＿＿
10) ＿＿＿＿＿
11) ＿＿＿＿＿
12) ＿＿＿する
13) ＿＿＿する
14) ＿＿＿＿＿
15) ＿＿＿＿＿
16) ＿＿＿＿＿

2.
1) ＿＿＿＿＿
2) ＿＿＿＿＿
3) ＿＿＿＿＿
4) ＿＿＿＿＿

3.
1) ＿＿＿＿＿
2) ＿＿＿＿＿
3) ＿＿＿＿＿
4) ＿＿＿＿＿

文法・練習 (読む・書く)

4. 読み方を書きましょう。

1) 景気
2) これ以上
3) 森
4) [市民の] 声
5) [インタビューを] 受ける
6) 要望
7) 本当は
8) [彼／彼女を] 振る
9) 数

5. ＿＿＿の部分とだいたい同じ意味のものを①～④から選びましょう。

1) 市民会館の前でいろいろな人に話しかけて市民の声を聞いた。（　）
   ① 意見　② 歌　③ うわさ　④ 注意
2) 山田さんに振られた。（　）
   ① しかられた　② 好きだと言われた
   ③ 褒められた　④ 好きではないと言われた

6. □□□から正しいことばを選んで書きましょう。

1) 日本は今（　　　）が悪いので、このような高いレストランは人気がない。
   | 景気　環境　栄養　郵便 |

2) 結婚する人の（　　　）が減っているから、子どもは増えそうにない。
   | 部分　点　都合　数 |

3) [教室で] そこで（　　　）2人。静かにしなさい。
   | 話しかけている　しゃべっている
   言っている　組み合わせている |

4) 彼女と（　　　）いっしょにいたいので結婚することにした。
   | いまさら　ちょうど　それほど　いつまでも |

5) 林さんは大きな声を出さないし、あまり話しません。（　　　）人です。
   | 紛らわしい　とんでもない　おとなしい　快適な |

話す・聞く

7. 読み方を書きましょう。

1) [電話を] 切る
2) 秘書
3) 教授
4) 変更する
5) 急用
6) 気にする

10

7）取引先　　　　　9）[コンピューター]室
8）学生用　　　　　10）渋滞

8. ＿＿＿の部分とだいたい同じ意味のものを①〜④から選びましょう。
1）この辺りの道は<u>渋滞していて</u>先に行けません。（　）
① 込んでいて　② 工事中で　③ 事故で　④ 迷いやすくて
2）山本さんは社長の<u>秘書</u>です。（　）
① 大切な書類を書く人
② 社長などの栄養を考えて料理をする人
③ 社長の代わりに働く人
④ 予定をチェックするなど社長の仕事を手伝う人

9. ☐からことばを選び、必要なら<u>正しい形に変えて</u>書きましょう。

|引き受ける　取る　受ける　切る|

1）先生にお時間を（　　　）いただいたのに、急用で行けなくなってしまった。
2）駅の前でテレビのインタビューを（　　　）いたら、急に雨が降ってきた。
3）今お調べしますので、お電話を（　　　）お待ちください。5分後にお電話します。

|ずいぶん　これまで　できれば　わざわざ|

4）（　　　）休みを取って花見に行ったのに、桜はまだ咲いていなかった。
5）わたしは（　　　）一度も雪を見たことがない。
6）都合が悪くなったので、（　　　）約束の時間を変更していただけないでしょうか。

読む・書く

10. 読み方を書きましょう。
1）瞬間　　　　　9）後者
2）意識　　　　　10）恋
3）調査　　　　　11）幸せ
4）傾向　　　　　12）感じる
5）避ける　　　　13）寝坊する
6）悲観的　　　　14）危険
7）最高に　　　　15）寝顔
8）前者

11. ＿＿＿の部分とだいたい同じ意味のものを①〜④から選びましょう。
　1）朝の込んでいる電車は苦手なので、ラッシュを避けて大学に行っている。（　）
　　① ラッシュの前に　② ラッシュの後に
　　③ ラッシュ以外の時間に　④ 電車を使う時間を減らして
　2）弟は昨日寝坊した。（　）
　　① 寝ないで朝まで仕事をした　② 朝遅くまで寝ていた
　　③ 一日中寝ていた　④ なかなか寝られなかった

11.
1）＿＿＿＿＿
2）＿＿＿＿＿

12. ＿＿＿から正しいことばを選んで書きましょう。
　1）女性より男性のほうが悲観的な考え方をする（　　　）がある。
　　| 部分　事件　必要　傾向 |
　2）父は、外来語を使わないで自分の国のことばを守ろうという（　　　）が高い。
　　| 意識　環境　事情　習慣 |
　3）車が来た（　　　）、後ろに下がって危険を避けることができた。
　　| 場合　部分　環境　瞬間 |
　4）今日は風が強いので、昨日より寒く（　　　）。
　　| 感じる　守る　考える　迷う |

12.
1）＿＿＿＿＿
2）＿＿＿＿＿
3）＿＿＿＿＿
4）＿＿＿＿＿

13. {　}から正しいことばを選んで書きましょう。

　日本では、大きな音を立てて鼻をかむことは失礼だとされていて、すする人のほうが多い。しかし、アメリカでは鼻みずをすする音は失礼だとされていて、音を立てても出すほうがいい。田中さんは{① いつまでも　ふだん}日本にいるときは鼻みずをすすることが多いが、今はアメリカに留学しているので{② もともと　できれば}鼻をかむようにしている。しかし、{③ いまごろ　いまだに　いまさら}アメリカの習慣には慣れない。　※鼻をかむ…blow one's nose　鼻みず（〜をすする）…snivel

13.
①＿＿＿＿＿
②＿＿＿＿＿
③＿＿＿＿＿

第1～3課 復習

1. ☐から漢字を一つ選んでことばを作りましょう。

　　　　　的　料　状　者　書

例）報告☐　教科☐　（　）

1）筆☐　旅行☐　（　）　　3）伝統☐　専門☐　（　）

2）推薦☐　招待☐　（　）　　4）授業☐　入場☐　（　）

1.
例）　書
1）＿＿＿＿
2）＿＿＿＿
3）＿＿＿＿
4）＿＿＿＿

2. （　）にひらがなを一つ書きましょう。また、＿＿＿に☐からことばを選び、必要なら正しい形に変えて書きましょう。

　　　重ねる　植える　目指す　取る　ふく　歩く　動かす

例）庭（　）花が＿＿＿＿てあります。
1）弟はその大学に合格すること（　）＿＿＿＿ています。
2）畳は空気の中の湿気を＿＿＿＿の（　）役立つ。
3）テーブルがぬれています。このタオル（　）＿＿＿＿てください。
4）素足（　）畳の上（　）＿＿＿＿と気持ちがいい。
5）寒いので、シャツにセーター（　）＿＿＿＿て着ています。

2.
例）（に）　植え
1）（　）＿＿＿＿
2）＿＿＿＿（　）
3）（　）＿＿＿＿
4）（　）（　）＿＿＿＿
5）（　）＿＿＿＿

3. ☐からことばを選び、必要なら正しい形に変えて書きましょう。

　　　連絡する　奪う　たたむ　やむ
　　　しまう　しゃべる　使い分ける

1）家族の座布団とお客さんの座布団を＿＿＿＿ています。
2）雨が強くなって全く＿＿＿＿そうもないので、タクシーで行くことにした。
3）傘を小さく①＿＿＿＿かばんの中に②＿＿＿＿ください。そうすれば邪魔になりません。
4）荷物を届けたいので、都合がいい日を＿＿＿＿ください。
5）10年間会わなかった友達だが、会えばすぐ普通に＿＿＿＿れるものだ。
6）お風呂で体が温かくなったのに、外に出たらすぐ体の熱が＿＿＿＿れてしまった。

3.
1）＿＿＿＿
2）＿＿＿＿
3）①＿＿＿＿
　　②＿＿＿＿
4）＿＿＿＿
5）＿＿＿＿
6）＿＿＿＿

おとなしい　苦手　紛らわしい　清潔　快適

7) トイレはいつも_____しておかなくてはならない。

8) 生(なま)の魚は_____ので、お寿司は食べられない。

9) この会社の飛行機に乗れば、_____空の旅ができる。

10)「ね」という字と「わ」という字は_____て困(こま)る。

7)＿＿＿＿＿＿
8)＿＿＿＿＿＿
9)＿＿＿＿＿＿
10)＿＿＿＿＿＿

4. ☐から正しいことばを選んで書きましょう。

1) この先の道は（　　）しています。ほかの道を使いましょう。

環境　渋滞　断水　研修

2) この国は（　　）が悪いので、大学を卒業しても仕事がないことがある。

内容　結果　景気　傾向

3) すみません、午後の授業を（　　）休ませていただきたいのですが。

普通に　いまだに　いまさら　できれば

4) 今日は（　　）遠くから研修に来ていただいて、ありがとうございました。

わざわざ　いまさら　あいにく　何(なん)とか

5) マリアさん、あまり食べませんね。どうかしたんですか。
…あのう（　　）、けさから気分が悪くて…。

それで　ふだん　できれば　実は

4.
1)＿＿＿＿＿＿
2)＿＿＿＿＿＿
3)＿＿＿＿＿＿
4)＿＿＿＿＿＿
5)＿＿＿＿＿＿

5. ☐からことばを選んで正しい形に変えて書きましょう。

1) けさから国の家族に何回も電話を（　　）いるんですが、だれも出ません。

出る　かける　呼ぶ　回す

2) 駅でインタビューを（　　）たが、急いでいたのでうまく答えられなかった。

する　受ける　取る　聞き取る

3) 留学(りゅうがく)するまえに両親(りょうしん)とよく（　　）て決(き)めました。

学習する　比べる　話しかける　話し合う

5.
1)＿＿＿＿＿＿
2)＿＿＿＿＿＿
3)＿＿＿＿＿＿

6. ☐から正しいことばを選んで書きましょう。

できれば　まだ　わざわざ　いまさら　もう

留学している間にお世話になった日本の家族に手紙を書こうと思っていたが、国に帰って（　①　）1か月も過ぎてしまった。（　②　）手紙を書くのも変だと思うし、（　③　）返事を書いてもらうのも申(もう)し訳(わけ)ない。しかし、国に帰って元気で仕事をしているということもまだ伝(つた)えていないので、（　④　）今夜にでも電話したい。

6.
①＿＿＿＿＿＿
②＿＿＿＿＿＿
③＿＿＿＿＿＿
④＿＿＿＿＿＿

第4課

文法・練習 (話す・聞く)

1. 読み方を書きましょう。
1) 検査
2) 明日
3) 能力
4) 覚める

2. ＿＿＿の部分とだいたい同じ意味のものを①〜④から選びましょう。
1) 毎朝6時に目が覚める。（　）
① 目が見える　② 起きる　③ 寝坊する　④ 目が痛い
2) その話はちっとも知りませんでした。（　）
① 全然知りませんでした　② あまり知りませんでした
③ 少ししか知りませんでした　④ ほとんど知りませんでした

3. ☐から正しいことばを選んで書きましょう。

| バザー　会場　市民会館　発表会 |

1) 明日、学生が作ったいろいろな品物を売る（①　　　）が開かれます。（②　　　）は幼稚園の前です。
2) 渡辺さんは、ピアノの（　　　）のために毎日練習しています。

文法・練習 (読む・書く)

4. 読み方を書きましょう。
1) 朝礼
2) 校歌
3) 敬語
4) 感想
5) 運動場
6) 美しい
7) 世紀
8) 平和な
9) 人々
10) 願う
11) 書き換える
12) 合わせる
13) 若者
14) [摩周]湖
15) 深い
16) 苦しい
17) 性格
18) 人気者
19) 不安

1.
1) ＿＿＿＿
2) ＿＿＿＿
3) ＿＿＿＿
4) ＿＿＿＿める

2.
1) ＿＿＿＿
2) ＿＿＿＿

3.
1) ① ＿＿＿＿
　② ＿＿＿＿
2) ＿＿＿＿

4.
1) ＿＿＿＿
2) ＿＿＿＿
3) ＿＿＿＿
4) ＿＿＿＿
5) ＿＿＿＿
6) ＿＿＿＿しい
7) ＿＿＿＿
8) ＿＿＿＿な
9) ＿＿＿＿
10) ＿＿＿＿う
11) ＿＿き＿＿える
12) ＿＿＿＿わせる
13) ＿＿＿＿
14) [摩周]＿＿＿
15) ＿＿＿＿い
16) ＿＿＿＿しい
17) ＿＿＿＿
18) ＿＿＿＿
19) ＿＿＿＿

20) 雷
21) 残念な
22) 認める
23) 現実
24) 愛する
25) 首都

5. _____の部分とだいたい同じ意味のものを①〜④から選びましょう。

1) 田中先生「うちの学生はみんなよく勉強しますよ。」(　)
   ① 田中先生の子ども　② 自分のうちに住んでいる学生
   ③ 田中先生のクラスの学生　④ 寮に住んでいる学生

2) 彼は町の人気者だ。(　)
   ① 町が大好きだ。　② 町の人々に愛されている。
   ③ 町にずっと住んでいる。　④ 町の人々を愛している。

6. ☐からことばを選び、必要なら正しい形に変えて書きましょう。

1) 摩周湖が日本で最も美しい湖の一つであることは多くの人が（　　　）いる。

   | 愛する　願う　認める　守る |

2) 試験に落ちて、現実は（　　　）ということがよくわかった。

   | 恥ずかしい　不安　厳しい　深い |

3) 研究室へ行ったのに、森先生に会えなくて、（　　　）た。

   | 苦しい　痛い　嫌　残念 |

7. ☐からことばを選んで正しい形に変えて書きましょう。

   | 出る　合わせる　覚える　亡くなる |

1) 彼のお父さんは交通事故で（　　　）たそうだ。
2) 新しい携帯電話が（　　　）たら、買うつもりだ。
3) 「明」という字は「日」と「月」を（　　　）てできた漢字だ。

話す・聞く

8. 読み方を書きましょう。

1) 伝言
2) 留守番電話
3) 差し上げる
4) 急な
5) 取り消す
6) 来客中
7) 食パン
8) 売り切れ
9) 案内状

20) _____
21) _____な
22) _____める
23) _____
24) _____する
25) _____

5.
1) _____
2) _____

6.
1) _____
2) _____
3) _____

7.
1) _____
2) _____
3) _____

8.
1) _____
2) _____
3) _____しげる
4) _____な
5) _____りす
6) _____
7) _____パン
8) _____りれ
9) _____

16

9. ＿＿＿の部分とだいたい同じ意味のものを①〜④から選びましょう。

1) すみません、ちょっと<u>電話が遠い</u>んですが。（　）
   ① 電話のある場所が遠い　② 電話の声が小さい
   ③ 電話をかける時間がない　④ 電話のベルの音が小さい

2) 食パンは<u>売り切れ</u>です。（　）
   ① 全部売れてしまった　② 全部切れている
   ③ 売らないことにしている　④ 切ってから売っている

3) ［店員が客に］
   ただいま準備中です。<u>恐れ入ります</u>が、20分ほどお待ちいただけますか。（　）
   ① あいにく　② 申し訳ありませんが
   ③ よろしければ　④ しかたがないので

10. ＿＿＿からことばを選び、必要なら正しい形に変えて書きましょう。

　　入れる　入る　出る　出す　かける

1) パーティーの案内状を60人ぐらいの人に（　　　）た。
2) わたしは留守番電話にメッセージを（　　　）のが好きではない。
3) すみません、急な仕事が（　　　）ので、少し遅れます。
4) 電話のベルが聞こえたが、ちょうどお風呂に入っていて、（　　　）られなかった。

読む・書く

11. 読み方を書きましょう。

1) 時代
2) 順に
3) 失礼
4) 勧める
5) 腹を立てる
6) 味わう
7) 大嫌い
8) 全員
9) 数日
10) 親せき
11) 接続する
12) 申し出る
13) 結局
14) 早速
15) 取り付ける
16) 出席者
17) 料金

12. ＿＿＿の部分とだいたい同じ意味のものを①〜④から選びましょう。

1）トゥエインは電話の便利さを味わった。（ ）
 ① 電話を使って、その便利さを経験した
 ② 電話が便利かどうか調べた
 ③ 電話を使ってみた
 ④ 電話は便利だと人々に伝えた

2）彼女は腹を立てて帰ってしまった。（ ）
 ① 急に立って　② 怒って　③ 怖がって　④ 急いで

13. ☐からことばを選び、必要なら正しい形に変えて書きましょう。

| 使う　断る　取り付ける |
| 勧める　申し出る　誘う　つなぐ |

1）上田さんに映画に行こうと（①　　　）れたが、忙しいので（②　　　）た。
2）店員に（　　　）れて、一番高い携帯電話を買ってしまった。
3）会議の出席者を決めるとき、王さんは「わたしに出席させてください」と（　　　）た。
4）今のアパートに引っ越したとき、エアコンを（①　　　）たが、まだ一度も（②　　　）ことがない。

| 順に　早速　結局　いつものとおり |

5）おいしそうなオレンジをもらったので、（　　　）食べてみた。
6）今日は休みましたが、明日は（　　　）9時までに行きます。
7）早く来た人から（　　　）こちらへ並んでください。

14. ＿＿＿と反対の意味のことばを書きましょう。

例）今日は暑いです。⇔（　　　）
1）夫はパーティーが大好きだ。⇔（　　　）
2）このコンサートは有料です。⇔（　　　）

15. ☐から正しいことばを選んで書きましょう。

| あいにく　結局　もともと　そのまま　いくら |

「体育の日」は（①　　　）1964年に東京オリンピックが開かれた10月10日だったが、今は10月の第2月曜日だ。毎年、体育の日には会社のマラソン大会が開かれる。今年のマラソン大会では（②　　　）途中で雨になったが、みんなは（③　　　）走り続け、（④　　　）全員がゴールまで走った。

12.
1）＿＿＿＿＿
2）＿＿＿＿＿

13.
1）①＿＿＿＿
　 ②＿＿＿＿
2）＿＿＿＿＿
3）＿＿＿＿＿
4）①＿＿＿＿
　 ②＿＿＿＿
5）＿＿＿＿＿
6）＿＿＿＿＿
7）＿＿＿＿＿

14.
例）寒い（さむい）
1）＿＿＿＿＿
2）＿＿＿＿＿

15.
①＿＿＿＿
②＿＿＿＿
③＿＿＿＿
④＿＿＿＿

第5課

文法・練習 （話す・聞く）

1. 読み方を書きましょう。
   1) 教科書
   2) 居酒屋
   3) 画面
   4) 俳優
   5) 改札口
   6) 運転手

2. ☐からことばを選び、必要なら正しい形に変えて書きましょう。

   | 運転手　俳優　出席者 |

   1) タクシーの（　　　）に止める場所を言ってください。
   2) その映画は有名な（　　　）が出ているし、おもしろいですよ。

   | 紛らわしい　おとなしい　そっくり |

   3) 中山さんの声はお母さんに（　　　）ので、よく間違えてしまう。
   4) この犬は（　　　）て、昼はいつも寝ているから、静かですよ。

文法・練習 （読む・書く）

3. 読み方を書きましょう。
   1) ［電話が］切れる
   2) ［例を］挙げる
   3) 未来
   4) 不思議に
   5) 増やす
   6) 観光客

4. ☐からことばを選び、必要なら正しい形に変えて書きましょう。
   1) 地球の（　　　）はどうなるのでしょうか。

   | 現実　時代　未来　来週 |

   2) 聞こえにくいので、ラジオの音を（　　　）ください。

   | 増やす　のばす　大きくする　動かす |

   3) 電話が鳴ったので出ようとしたら、（　　　）てしまった。

   | 止まる　避ける　切れる　振る |

   4) この会社は休日が少ないので、もっと休日を（　　　）ほしい。

   | 増やす　のばす　減らす　変える |

   5) どうすれば戦争を（　　　）ことができるのだろうか。

   | 壊す　下げる　なくす　片づける |

   6) 猫は死ぬとき、家からいなくなる。（　　　）ことだ。

   | 悲観的　急　正確　不思議 |

1.
1) ＿＿＿＿＿
2) ＿＿＿＿＿
3) ＿＿＿＿＿
4) ＿＿＿＿＿
5) ＿＿＿＿＿
6) ＿＿＿＿＿

2.
1) ＿＿＿＿＿
2) ＿＿＿＿＿
3) ＿＿＿＿＿
4) ＿＿＿＿＿

3.
1) ［電話が］　　れる
2) ［例を］　　げる
3) ＿＿＿＿＿
4) ＿＿＿＿に
5) ＿＿＿やす
6) ＿＿＿＿＿

4.
1) ＿＿＿＿＿
2) ＿＿＿＿＿
3) ＿＿＿＿＿
4) ＿＿＿＿＿
5) ＿＿＿＿＿
6) ＿＿＿＿＿

話す・聞く

5. 読み方を書きましょう。

1) 沿って
2) 大通り
3) 横断歩道
4) 突き当たり
5) 線路
6) 向こう側
7) 踏切
8) ［道が］分かれる
9) 芸術
10) 道順
11) 通行人
12) 川沿い
13) 流れる

6. ＿＿＿の部分とだいたい同じ意味のものを①～④から選びましょう。

1) 踏切は事故が多い場所です。注意してください。（　）
   ① 道路の一番奥のところ　② 大通り
   ③ 人が歩く道　④ 人や車が線路を渡る場所

2) ここは日曜日は通行人が多い。（　）
   ① 道を歩く人　② 車で通る人
   ③ 大通りを行く人　④ 自転車に乗る人

3) 教科書を読んでください。（　）
   ① ことばの意味を調べる本　② 詳しい説明が書いてある本
   ③ 授業で使う本　④ 先生が書いた本

4) 突き当たりの建物が病院です。（　）
   ① 曲がってすぐ　② まっすぐ行って一番奥
   ③ 曲がる前のところ　④ まっすぐ行って曲がったところ

7. ＿＿＿からことばを選んで正しい形に変えて書きましょう。

1) 線路に（　　　）て10分くらい歩くと、駅に着きます。
   沿う　組み合わせる　受ける　挙げる

2) この道をまっすぐ行くと、道が三つに（　　　）います。
   分ける　割る　比べる　分かれる

3) ［ホテルで］トイレの水が（　　　）ないんです。ちょっと来ていただけないでしょうか。
   落ちる　切れる　動く　流れる

4) 大通りに（　　　）ら、タクシーがたくさん走っています。
   見えます　出ます　沿っています　向かいます

5.
1) ＿＿＿って
2) ＿＿＿り
3) ＿＿＿
4) ＿＿＿き＿＿＿たり
5) ＿＿＿
6) ＿＿＿こう＿＿＿
7) ＿＿＿
8) ［道が］＿＿＿かれる
9) ＿＿＿
10) ＿＿＿
11) ＿＿＿
12) ＿＿＿い
13) ＿＿＿れる

6.
1) ＿＿＿
2) ＿＿＿
3) ＿＿＿
4) ＿＿＿

7.
1) ＿＿＿
2) ＿＿＿
3) ＿＿＿
4) ＿＿＿

8. ☐ から正しいことばを選んで書きましょう。

1) さくら芸術センターへの（　　　）を教えてください。
   | 方法　住所　都合　道順 |

2) 横断歩道を（　　　）とき、車に注意してください。
   | 渡る　帰る　行く　動く |

読む・書く

9. 読み方を書きましょう。

1) 南北
2) 逆
3) 南半球
4) 北半球
5) 常識
6) 差別
7) 平等
8) 位置
9) 人間
10) 観察する
11) 面
12) 中央
13) 自然に
14) 努力する
15) 普通
16) 無意識に
17) 表れ
18) 上下
19) 左右
20) 少なくとも
21) 文句
22) 経度
23) 緯度
24) 使用する
25) 東西

10. ☐ から正しいことばを選んで書きましょう。

1) テストは裏（　　　）もあります。忘れないで答えを書いてください。
   | 面　先　場　部分 |

2) 知っている人に会ったら、挨拶するのが（　　　）だ。
   | 環境　傾向　常識　事情 |

3) このコンピューターは故障しているので（　　　）禁止です。
   | 運動　使用　運転　修理 |

4) こちらで（　　　）お待ちください。
   | ときどき　しばらく　ちょうど　ふだん |

5) 伝言があったことを知っていたのに、（　　　）伝えなかった。
   | わざわざ　少なくとも　そっくり　わざと |

8.
1) _____
2) _____

9.
1) _____
2) _____
3) _____
4) _____
5) _____
6) _____
7) _____
8) _____
9) _____
10) _____する
11) _____
12) _____
13) _____に
14) _____する
15) _____
16) _____に
17) _____れ
18) _____
19) _____
20) _____なくとも
21) _____
22) _____
23) _____
24) _____する
25) _____

10.
1) _____
2) _____
3) _____
4) _____
5) _____

11. ☐ から正しいことばを選んで書きましょう。

| 東西 | 上下 | 左右 | 南北 | 横(よこ) |

1) 踏切を渡るときは（　　　）をよく見てから渡ってください。
2) 日本は、（　　　）に長い形をしています。
3) エレベーターというのは（　　　）に動くものです。
4) 東京(とうきょう)の料理は味が濃(こ)いが、大阪(おおさか)のは薄(うす)い。同じ日本でも（　　　）で違う。

12. ☐ から正しいことばを選んで書きましょう。

| 比べて　わざと　それに　少なくとも　そこで |

　妹はダイエットにもいつも失敗(しっぱい)している。（ ① ）、妹にスロージョギングを教えてあげた。スロージョギングというのは（ ② ）ゆっくり走るジョギングのことだ。走る速(はや)さは急いで歩く人より少し遅(おそ)いくらいだ。運動が苦手な妹でも毎日（ ③ ）20分以上走れる。特別な筋肉(きんにく)しか使わないから、体も疲(つか)れない。（ ④ ）、急いで歩くときの1.6倍(ばい)もカロリーを使う。妹はこれなら続(つづ)けられると言っている。

※筋肉(きんにく)…muscle

11.
1)＿＿＿＿＿
2)＿＿＿＿＿
3)＿＿＿＿＿
4)＿＿＿＿＿

12.
①＿＿＿＿＿
②＿＿＿＿＿
③＿＿＿＿＿
④＿＿＿＿＿

第6課

文法・練習 (話す・聞く)

1. 読み方を書きましょう。
   1) 一期一会　　　　2) 学ぶ

文法・練習 (読む・書く)

2. 読み方を書きましょう。
   1) 一生　　　　　　5) 太鼓
   2) 店員　　　　　　6) 着陸する
   3) 就職する　　　　7) [手を] 振る
   4) 遠く

3. ＿＿＿の部分とだいたい同じ意味のものを①〜④から選びましょう。
   1) 小川さんは一生この町にいたいそうだ。(　　)
      ① 死ぬまでずっと　② 生まれてからずっと
      ③ 一人で　④ 10年以上
   2) けさ食欲がなかったので、何も食べませんでした。(　　)
      ① おなかが痛かった　② 食べるものがなかった
      ③ 食べたくなかった　④ 食べる時間がなかった

4. ＿＿＿からことばを選び、必要なら正しい形に変えて書きましょう。
   1) 弟は俳優になりたいと言っていたが、結局、デパートに（　　　）た。
      | 働く　就職する　過ごす　仕事をする |
   2) 日本語で「首を横に（　　　）」っていうのは、「Noと言う」って意味ですよ。
      | する　使う　振る　見せる |

5. ＿＿＿からことばを選び、必要なら正しい形に変えて書きましょう。
   | とる　かむ　ひく　受ける　飲む |
   1) 彼は留学試験を（　　　）つもりはないそうです。
   2) サッカー選手が試合中にガムを（　　　）のは何のためですか。
   3) ビタミンを（　　　）ために野菜をたくさん食べている。
   4) 寒くなってきましたから、風邪を（　　　）ないように注意してください。

1.
1) ＿＿＿＿＿＿
2) ＿＿＿＿＿＿ぶ

2.
1) ＿＿＿＿＿＿
2) ＿＿＿＿＿＿
3) ＿＿＿＿＿＿する
4) ＿＿＿＿＿＿く
5) ＿＿＿＿＿＿
6) ＿＿＿＿＿＿する
7) [手を]＿＿＿＿る

3.
1) ＿＿＿＿＿＿
2) ＿＿＿＿＿＿

4.
1) ＿＿＿＿＿＿
2) ＿＿＿＿＿＿

5.
1) ＿＿＿＿＿＿
2) ＿＿＿＿＿＿
3) ＿＿＿＿＿＿
4) ＿＿＿＿＿＿

　　　　する　　緊張する　　着陸する　　流れる　　戻る

5）飛行機に乗ると、（　　　）とき、いつも気分が悪くなる。

6）家に帰ったら、まず手を洗って、うがいを（　　　）ことにしている。

7）部屋に忘れ物をして取りに（　　　）ので、遅れました。すみません。

8）大勢の人の前では（　　　）て、うまく話せません。

　　　　自分では　　自分に　　自分で

9）太郎君はお母さんがいないとき、（　　　）昼ごはんを作って食べる。

10）（　　　）一生懸命働いているつもりだが、部長によく注意される。

話す・聞く

6. 読み方を書きましょう。

1）案内
2）費用
3）交渉する
4）条件
5）制度
6）取り入れる
7）週
8）全額
9）期間
10）日時
11）授業料
12）日にち
13）担当者
14）延期する
15）買い換える
16）講演会
17）上司

7. 　　　の部分とだいたい同じ意味のものを①〜④から選びましょう。

1）ミラーさんは、新しい練習を取り入れてから走るのが速くなった。（　　）
　① 知ってから　② 聞いてから
　③ するようになってから　④ 見てから

2）費用の全額が無理なら半額でも出していただけませんか。（　　）
　① 費用の半分を使ってくれませんか
　② 費用の半分を払ってくれませんか
　③ 費用を半分にしてくれませんか
　④ 費用の半分を払わせてくれませんか

24

8. ☐からことばを選び、必要なら正しい形に変えて書きましょう。

1) わたしの会社には研修の（①　　　）があるが、（②　　　）を自分で出さなければならないので、（③　　　）にくい。

費用　制度　担当する　利用する

2) （①　　　）が悪くなったので、出張の（②　　　）を（③　　　）たいと上司に（④　　　）た。

予定　都合　申し出る　延期する

9. ☐からことばを選び、必要なら正しい形に変えて書きましょう。

つかむ　買い換える　取る　持つ　立つ

1) コピー機の調子が悪い。そろそろ（　　　）なくてはいけない。
2) チャンスを（　　　）ために何が必要か考えよう。
3) 留学試験を受けるんですが、何か役に（　　　）そうな本はありませんか。
4) 仕事が忙しくて、なかなか休みが（　　　）ない。

マナー　セミナー　レベル　イメージ　トレーニング

5) 大学に入ったばかりのころ、授業の（　　　）が高すぎて、全然わからなかった。
6) スポーツでも勉強でも（　　　）は毎日続けることが大切だ。
7) 新しく入った社員はみんなビジネスの（　　　）を学ぶ。
8) スピーチの（　　　）に参加した。

読む・書く

10. 読み方を書きましょう。

1) 想像する
2) 具体的
3) 理想
4) 近づく
5) 指す
6) 記者会見
7) [気持ちが]暗い
8) 世の中
9) 閉じる
10) 過去
11) 向き合う
12) 現在
13) 解決する
14) 順番

11. ＿＿＿の部分とだいたい同じ意味のものを①〜④から選びましょう。

1) チャレンジを続ければ夢は近づいてくる。（　　）
　①現実が夢に見えてくる　②夢がだんだん現実になる
　③夢の中でやりたいことができる　④夢をよく見るようになる

2）あの人の小説は<u>あまり売れない</u>。（　）
　①売り切れだ　②売られていない　③人気がない　④安い

12. ☐からことばを選び、必要なら<u>正しい形に変えて</u>書きましょう。

　　| 暗い　順番　理想　過去 |

1）（①　　　）の悲しいことを考えていたら、気持ちが（②　　　）なってしまう。

2）わたしは料理を作るとき、まず何を、どんな（　　　）でするかを考える。

　　| イメージする　見える　閉じる　なる |

3）目を（①　　　）て未来のあなたを（②　　　）てください。どんな自分が（③　　　）ますか。

　　| 向き合う　指す　立てる　解決する　立つ |

4）苦手なことと（①　　　）なければ問題は（②　　　）できない。

5）文章を読むとき、「こそあど」が何を（　　　）のか考えることは大切だ。

6）プランを（　　　）のも旅行の楽しみの一つだ。

13. ＿＿＿の部分とだいたい同じ意味のものを①〜④から選びましょう。

1）あなたにとって<u>一番いい</u>仕事はどんな仕事ですか。（　）
　①将来の　②不思議な　③理想の　④想像的な

2）<u>例を挙げて</u>わかりやすく話してください。（　）
　①無意識に　②具体的に　③丁寧に　④詳しく

14. ☐から正しいことばを選んで書きましょう。

　　| そうすれば　つまり　そして　そのような　例えば |

　ある俳優が「私たちの仕事で一番大切なのはイメージする力です」と言っていた。（　①　）、人を演じるためにはその人の生活や気持ちを想像することが大切だということだ。（　②　）ことはほかの仕事でも同じではないだろうか。（　③　）、先生は、学生の気持ちになって、自分を見ることも必要だろう。どんな仕事をしている場合でも、相手の気持ちを想像してみるとよい。（　④　）、自分が何をしなければならないかがわかるはずだ。　※人を演じる…play a character

第4〜6課 復習

1. ＿＿に□から漢字を一つ選んでことばを作り、（　）に読み方も書きましょう。

例）授業＿＿（　　　　　）

1）人気＿＿（　　　　　）　4）運転＿＿（　　　　　）

2）居酒＿＿（　　　　　）　5）通行＿＿（　　　　　）

3）観光＿＿（　　　　　）

| 人　屋　者　手　客　料 |

2. ＿＿＿と反対の意味のことばを書きましょう。

例）今日は暑い。⇔（　　　　　）

1）弟は犬が大好きだ。⇔（　　　　　）

2）仕事を変えて、生活が楽になった。⇔（　　　　　）

3）彼のふるさとは南半球にある美しい島である。⇔（　　　　　）

4）過去の自分について考える。⇔（　　　　　）

5）ゆっくり目を開けてください。⇔（　　　　　）

6）体重を3キロぐらい減らしたい。⇔（　　　　　）

3. （　）にひらがなを一つ書きましょう。また、＿＿＿に□からことばを選んで正しい形に変えて書きましょう。

| 出る　見える　とる　出す　食べる　立てる　覚める |

1）毎朝同じ時間に目（　　）＿＿＿＿ますか。

2）あの角を曲がってまっすぐ行くと、大通り（　　）＿＿＿＿ます。

3）彼は、会社で上司に腹（　　）＿＿＿＿て、大声を出してしまったそうだ。

4）健康のために毎日ビタミン（　　）＿＿＿＿たほうがいい。

5）この学校に入ったばかりのころは、先生がみんな怖い人（　　）＿＿＿＿た。

6）会社が英語研修の費用（　　）＿＿＿＿てくれたので、助かりました。

1.

例）＿＿料＿＿
　　（じゅぎょうりょう）

1）＿＿＿＿＿＿
　　（　　　　　）

2）＿＿＿＿＿＿
　　（　　　　　）

3）＿＿＿＿＿＿
　　（　　　　　）

4）＿＿＿＿＿＿
　　（　　　　　）

5）＿＿＿＿＿＿
　　（　　　　　）

2.

例）寒い（さむい）

1）＿＿＿＿＿＿

2）＿＿＿＿＿＿

3）＿＿＿＿＿＿

4）＿＿＿＿＿＿

5）＿＿＿＿＿＿

6）＿＿＿＿＿＿

3.

1）（　）＿＿＿＿

2）（　）＿＿＿＿

3）（　）＿＿＿＿

4）（　）＿＿＿＿

5）（　）＿＿＿＿

6）（　）＿＿＿＿

| 受ける　分かれる　取り付ける　する |
| 沿う　入る　分ける　挙げる |

7) 線路（　　）＿＿＿てしばらく行くと、公園があります。
8) 太郎、元気がないね。
　…そうね。昨日失敗したこと、気（　　）＿＿＿てるんじゃない。
9) 新聞記者のインタビュー（　　）＿＿＿たことがありますか。
10) すみません、よくわからないので、具体的な例（　　）＿＿＿て説明してもらえませんか。
11) しばらく行くと、道（　　）二つに＿＿＿ていますから、左の方へ行ってください。
12) 急に仕事（　　）＿＿＿て、コンサートに行けなくなった。
13) 毎日暑いので、子どもの部屋（　　）エアコンを＿＿＿た。

7) (　)＿＿＿
8) (　)＿＿＿
9) (　)＿＿＿
10) (　)＿＿＿
11) (　)＿＿＿
12) (　)＿＿＿
13) (　)＿＿＿

4. ▭ から正しいことばを選んで書きましょう。

| 不安　残念　不思議　失礼　丁寧 |

1) 雨で運動会が中止になって、子どもたちはとても（　　）がった。
2) アポをとらないで社長の部屋へ行くのは（　　）なことだ。
3) 日本に来て（　　）に思ったことの一つは、マスクをしている人が多いことだ。
4) 一人で暮らしていると大変でしょう。何か（　　）なことがあったら、いつでも連絡してくださいね。

| 順番　常識　理想　感想　制度　経験 |

5) この学校へ初めて来たとき、わたしの（　　）の学校はここだと思った。
6) パソコンが1台しかないので（　　）に使いましょう。
7) 子どもや年をとった親の世話をするために安心して仕事を休める（　　）が必要だ。
8) ごみの種類を分けて捨てるのは今では（　　）になっている。
9) 映画はだれかといっしょに見に行ったほうが楽しいですよ。見たあとで（　　）を話し合えますから。

4.
1)＿＿＿
2)＿＿＿
3)＿＿＿
4)＿＿＿
5)＿＿＿
6)＿＿＿
7)＿＿＿
8)＿＿＿
9)＿＿＿

5. {　} から正しいことばを選んで書きましょう。

　留学生の皆さん、初めまして。{① ようこそ　どうぞ　では} さくら大学へいらっしゃいました。私は留学生アドバイザーの山本です。
　皆さんは {② これから　それから　そこから} 1年間この大学で勉強しますが、生活や勉強のことで不安になることがあるかもしれません。{③ そのころ　そのようなときは　それでは} 私のところへ来てください。私の部屋のドアは {④ いつでも　いつまで　いつか} 開いています。

5.
①＿＿＿
②＿＿＿
③＿＿＿
④＿＿＿

第7課

文法・練習 （話す・聞く）

1. 読み方を書きましょう。
   1) 歓迎
   2) 招待状
   3) 折り紙
   4) 送別会
   5) 中華レストラン

2. ☐からことばを選び、必要なら正しい形に変えて書きましょう。

   | 招待　送別　歓迎 |

   1) 首相はアメリカに着いた日の（　　　）会で花を贈られた。
   2) この展覧会に行きたいんですが、（　　　）状がなくてもかまいませんか。

   | 紹介する　出す　出席する |

   3) お客さんにはどんな料理を（　　　）ましょうか。
      …やはり日本料理がいいですね。
   4) 両親に恋人を（　　　）てから、いっしょにレストランに出かけた。

文法・練習 （読む・書く）

3. 読み方を書きましょう。
   1) 留学生会
   2) 会長
   3) 点数
   4) 悪口
   5) 夫婦
   6) 医学部
   7) 喜ぶ
   8) 冗談
   9) お化け
   10) 感心する
   11) 親
   12) 一周
   13) 芝居
   14) 泣く
   15) 感動する
   16) 講演
   17) 譲る

4. ☐から正しいことばを選び、必要なら正しい形に変えて書きましょう。
   1) 妹は「友達に（　　　）を言われた」と言って泣いている。

   | 差別　笑い話　いたずら　悪口 |

1.
1) ＿＿＿＿＿
2) ＿＿＿＿＿
3) ＿＿り＿＿＿
4) ＿＿＿＿＿
5) ＿＿＿レストラン

2.
1) ＿＿＿＿＿
2) ＿＿＿＿＿
3) ＿＿＿＿＿
4) ＿＿＿＿＿

3.
1) ＿＿＿＿＿
2) ＿＿＿＿＿
3) ＿＿＿＿＿
4) ＿＿＿＿＿
5) ＿＿＿＿＿
6) ＿＿＿＿＿
7) ＿＿＿ぶ
8) ＿＿＿＿＿
9) お＿＿け
10) ＿＿＿する
11) ＿＿＿＿＿
12) ＿＿＿＿＿
13) ＿＿＿＿＿
14) ＿＿＿く
15) ＿＿＿する
16) ＿＿＿＿＿
17) ＿＿＿る

4.
1) ＿＿＿＿＿

2）早く就職して両親を（　　　　）せたいと思っています。
　　| 喜ぶ　　守る　　挙げる　　解決する |

3）動物に全く食べ物をあげないのは（　　　　）のと同じことだと思う。
　　| しかる　　振る　　指す　　いじめる |

4）いらなくなった子どもの服を友達から（　　　　）てもらった。
　　| 取り入れる　　奪う　　買い換える　　譲る |

5）映画でも見に行かない？
　　…今週はスケジュールが（　　　　）から、ちょっと無理(むり)だな。
　　| 紛らわしい　　きつい　　おとなしい　　しつこい |

5. ◻︎から正しいことばを選んで書きましょう。
　　| もともと　　あらためて　　きつい　　たいした |

1）この料理は（　　　　）中国のお正月に食べられていたものです。

2）テストの点数なんか（　　　　）ことじゃないよ。気にしないほうがいいよ。

3）この本を読んで、命の大切さについて（　　　　）考えさせられた。

話す・聞く

6. 読み方を書きましょう。
　1）遠慮する　　　　　8）今回
　2）表す　　　　　　　9）同僚
　3）失礼　　　　　　　10）登山
　4）着付け教室　　　　11）紅葉
　5）待ち合わせる　　　12）見物
　6）[時間が] 空く　　 13）音楽会
　7）交流会

7. 次の意味を持つことばを書きましょう。
　1）山に登ること　（　　　　）
　2）秋(あき)に木(こ)の葉(は)の色が緑から赤や黄色に変わること　（　　　　）

8. ＿＿＿の部分とだいたい同じ意味のものを①〜④から選びましょう。
　1）相撲(すもう)見物に誘(さそ)われたが、今回は遠慮させていただいた。（　　）
　　　① 迷った　② 断った　③ 誘いを受けた　④ 延期した
　2）同僚と居酒屋に行った。（　　）
　　　① 同じ理想を持つ人　② 同じ町にいる人
　　　③ 同じクラスの人　　④ 同じ場所で働く人

2）＿＿＿＿＿
3）＿＿＿＿＿
4）＿＿＿＿＿
5）＿＿＿＿＿

5.
1）＿＿＿＿＿
2）＿＿＿＿＿
3）＿＿＿＿＿

6.
1）＿＿＿＿する
2）＿＿＿＿す
3）＿＿＿＿
4）＿＿け＿＿
5）＿＿ち＿わせる
6）[時間が]＿＿く
7）＿＿＿＿
8）＿＿＿＿
9）＿＿＿＿
10）＿＿＿＿
11）＿＿＿＿
12）＿＿＿＿
13）＿＿＿＿

7.
1）＿＿＿＿
2）＿＿＿＿

8.
1）＿＿＿＿
2）＿＿＿＿

9. ☐からことばを選び、必要なら正しい形に変えて書きましょう。

1) 大通りは子どもたちの踊りを（　　　）する通行人や旅行者でいっぱいだ。

   | 見学　見物　観察　学習 |

2) 2時半に駅の改札口を出たところで（　　　）ましょう。
   …わかりました。

   | いる　見る　待ち合わせる　向き合う |

3) （　　　）遠くまで買いに行ったのに、切符は売り切れだった。

   | わざと　いまだに　いまさら　せっかく |

10. ☐からことばを選び、必要なら正しい形に変えて書きましょう。

| 受ける　空く　表す
遠慮する　待ち合わせる　出す |

1) 明日の夜は（　　　）いるよ。検査の予約を取り消したんだ。いっしょに食事に行こう。
2) うれしい気持ちを（　　　）とき、どんなことをしますか。
3) 山下さんに誘いを（　　　）というメールを送ったら、喜んでくれた。
4) せっかく誘ってもらったけど、今回は（　　　）よ。
5) パーティーは8時からなので、7時半に駅前で（　　　）ましょう。

| いろんな　失礼　ゼミ　見物 |

6) 目上の方なので、（　　　）のないように断ってください。
7) この店は服だけでなく、食べ物や飲み物など（　　　）ものも売っているから、便利です。
8) 月曜日に（　　　）で発表することになってて、その準備をしなくちゃいけないんです。

読む・書く

11. 読み方を書きましょう。

1) 毛虫　　　　5) 次々に
2) 丸い　　　　6) 目の前
3) 震え出す　　7) 笑い話
4) 助ける　　　8) 落語

12. ☐からことばを選び、必要なら正しい形に変えて書きましょう。

1) 子どもが川に落ちたんです。(　　　)ください。

　　持つ　助ける　取る　交渉する

2) 雷のあいだ、ずっと怖くて(　　　)いた。

　　渡る　動かす　震える　避ける

3) 海に来ると、地球は(　　　)ということがよくわかる。

　　中央だ　真ん中だ　四角い　丸い

13. ☐から正しいことばを選んで書きましょう。

　　すると　たまに　次に　それで　次々に

1) 初めは一台だけだったが、後ろから来た自転車が(　　　)ぶつかって全部倒れてしまった。

2) 薬を飲んだ。(　　　)、3時間後に熱が下がった。

3) まず暗証番号を押してください。(　　　)、お金を入れてください。

4) 日本の家についてレポートを書くことになったんです。(　　　)、日本人の家を見てみたいんです。

14. ☐から正しいことばを選んで書きましょう。

　　いや　ちょうど　できるだけ　すると　へえ

[106歳の歌手（嘉納愛子さん）へのインタビュー]

健康のために何か特別なことをなさっていますか。

…そうですね、(①)たくさん肉を食べるようにしています。

1週間に何回くらい肉を召し上がるんですか。

…毎晩食べています。

(②)、そうなんですか。年を取ったら、肉より野菜のほうがいいと思っていました。

…(③)、肉のほうがいいらしいですよ。わたしも前はあまり肉を食べませんでしたが、65歳を過ぎたとき医者から肉がいいと聞いたので、毎晩肉を食べるようにしたんです。(④)、体が丈夫になって風邪もひかなくなりました。今は106歳ですが、病院で調べたら80歳くらいの体だと言われました。

12.
1) ＿＿＿＿
2) ＿＿＿＿
3) ＿＿＿＿

13.
1) ＿＿＿＿
2) ＿＿＿＿
3) ＿＿＿＿
4) ＿＿＿＿

14.
① ＿＿＿＿
② ＿＿＿＿
③ ＿＿＿＿
④ ＿＿＿＿

第8課

文法・練習 (話す・聞く)

1. 読み方を書きましょう。
   1) 眠る
   2) 黙る
   3) ［ノートを］取る
   4) 盗む
   5) 焦げる
   6) 枯れる
   7) 平凡な
   8) 人生
   9) 免許
   10) 退職する

2. ＿＿の部分とだいたい同じ意味のものを①〜④から選びましょう。
   1) 山田先生の授業はノートを取るのが大変だ。（　）
      ① ノートを見ないで聞く　② ノートに授業のポイントを書く
      ③ ノートを買う　④ ノートをもらう
   2) 昨日田中先生にお目にかかりました。（　）
      ① 田中先生を見ました　② 田中先生に見られました
      ③ 田中先生に会いました　④ 田中先生を見つけました

3. ＿＿からことばを選び、必要なら正しい形に変えて書きましょう。
   1) 小学校の先生の免許を（　　）ために、この大学に入りました。
      　受ける　表す　取る　作る
   2) とても暑い日が続いたので、庭の花が（　　）しまった。
      　死ぬ　枯れる　焦げる　折れる

4. ＿＿からことばを選び、必要なら正しい形に変えて書きましょう。
   　平凡　失礼　丸い　たいした
   1) （　　）病気ではなくても、調子が悪いときは休んだほうがいいですよ。
   2) （　　）人生が一番幸せだと思う。
   3) プレゼントをもらったのにお礼も言わないなんて、（　　）だ。
      　助ける　退職する　盗む　眠る　黙る
   4) 子どもは（　　）いるあいだに大きくなるそうだ。
   5) （　　）まで40年以上同じ会社で働く人は少なくない。
   6) 「以心伝心」というのは、（　　）いても気持ちが伝わるという意味だ。
   7) 先週、自転車を（　　）たが、今日同じ場所に来てみると、戻っていた。

1.
1) ＿＿＿＿＿る
2) ＿＿＿＿＿る
3) ［ノートを］＿＿る
4) ＿＿＿＿＿む
5) ＿＿＿＿＿げる
6) ＿＿＿＿＿れる
7) ＿＿＿＿＿な
8) ＿＿＿＿＿
9) ＿＿＿＿＿
10) ＿＿＿＿＿する

2.
1) ＿＿＿＿＿
2) ＿＿＿＿＿

3.
1) ＿＿＿＿＿
2) ＿＿＿＿＿

4.
1) ＿＿＿＿＿
2) ＿＿＿＿＿
3) ＿＿＿＿＿
4) ＿＿＿＿＿
5) ＿＿＿＿＿
6) ＿＿＿＿＿
7) ＿＿＿＿＿

文法・練習 (読む・書く)

5. 読み方を書きましょう。
1) ことば遣い　　3) 専門的な
2) 生の魚　　　　4) 高校生

6. ＿＿＿の部分とだいたい同じ意味のものを①〜④から選びましょう。
1) 目上の人と話すときは、ことば遣いに気をつけよう。（　）
　① 失礼なことばで話さないようにしよう
　② 正しい文法で話すようにしよう
　③ 難しいことばを使うようにしよう
　④ 相手のことばをよく聞くようにしよう
2) わたしの国には生の魚を食べる習慣がない。（　）
　① 洗っていない魚　② 生きている魚
　③ 煮たり焼いたりしていない魚　④ 切っていない魚

7. □からことばを選び、必要なら正しい形に変えて書きましょう。
　　悲観的　専門的　具体的　伝統的
1) あの先生の講演は（　　　）すぎて、よくわからなかった。
2) 日本の（　　　）服や料理は、海外でも有名である。

話す・聞く

8. 読み方を書きましょう。
1) 迷子　　　　8) 髪型
2) 花柄　　　　9) 肩
3) 無地　　　10) 持ち物
4) 水玉　　　11) 水色
5) 背負う　　12) 折りたたみ
6) 特徴　　　13) 青地
7) 身長

9. ＿＿＿の部分とだいたい同じ意味のものを①〜④から選びましょう。
1) 東京へ行ったとき、娘が迷子になってしまった。（　）
　① 娘が親と会いたくなくなった
　② 娘が病気になった
　③ 娘が親から離れてどこかへ行ってしまった
　④ 娘が約束の時間に遅れてしまった

5.
1) ことば＿＿＿い
2) ＿＿＿の＿＿＿
3) ＿＿＿な
4) ＿＿＿

6.
1) ＿＿＿
2) ＿＿＿

7.
1) ＿＿＿
2) ＿＿＿

8.
1) ＿＿＿
2) ＿＿＿
3) ＿＿＿
4) ＿＿＿
5) ＿＿＿う
6) ＿＿＿
7) ＿＿＿
8) ＿＿＿
9) ＿＿＿
10) ＿＿＿ち＿＿＿
11) ＿＿＿
12) ＿＿＿りたたみ
13) ＿＿＿

9.
1) ＿＿＿

2）マリアさんはきれいな目をしている。（　）
　①目がきれいだ　②目をきれいに洗っている
　③目がきれいになった　④目をきれいに開けている

10. ☐からことばを選び、必要なら正しい形に変えて書きましょう。

| 背負う　つく　する　さす　はく |

1）この学校の子どもは同じマークが（①　　）リュックを
　（②　　）いるので、すぐわかります。
2）昔の日本では、長くて黒い髪を（　　）女の人がきれいだと言われたそうだ。
3）太郎、雨が降っているから傘を持って行きなさい。
　…この雨なら傘を（　　）ても大丈夫だよ。

| スカート　青地　花柄　折りたたみ |

4）リンリンちゃんは、白いシャツを着て、（①　　）に（②　　）の（③　　）をはいています。

| プラスチック　持ち物　帽子　ジーンズ　髪型 |

5）大学の先生の服は自由だ。（　　）をはいて授業をする先生もいる。
6）マリアさんのコップはどれ。
　…そこにある赤い（　　）のコップです。
7）日本の小学校や中学校では、（①　　）や（②　　）についていろいろな規則がある。

読む・書く

11. 読み方を書きましょう。

1）途上国
2）先進国
3）共通
4）関心
5）多様化
6）反対に
7）前後
8）対象
9）少女
10）輝く
11）浮力
12）少年
13）伸びる
14）発展する
15）魅力
16）豊かな
17）述べる

12. ＿＿＿の部分とだいたい同じ意味のものを①～④から選びましょう。

1）20代の若者を対象に調査を行った。（　）
　①20歳以上の若者について
　②20歳から29歳までの若者といっしょに
　③20歳から29歳までの若者について
　④20歳以上の若者といっしょに

2）この国は先進国とは言えない。（　）
　①歴史が長い国　②発展した国
　③伝統的な文化がある国　④広い国

13. ＿＿＿からことばを選び、必要なら正しい形に変えて書きましょう。

1）どんな会社に（①　　　　）を（②　　　　）ますか。

魅力　浮力　感じる　受ける

2）山本さんとわたしは（①　　　　）のテーマについて意見を（②　　　　）た。

共通　述べる　前後　褒める

14. ＿＿＿からことばを選び、必要なら正しい形に変えて書きましょう。

伸びる　多様化する　発展する　紹介する　与える

1）ひげが（①　　　　）ままにしておくと悪いイメージを（②　　　　）ことがある。

2）経済が（①　　　　）と、人々の関心は（②　　　　）そうだ。

15. ＿＿＿から正しいことばを選んで書きましょう。

時に　つまり　まず　ふだん　しかし

　人はどうして旅行をするのだろうか。（①　）、美しい景色を見たり、おいしいものを食べたりしたいから旅行をする人がいるだろう。それ以外に、（②　）住んでいる場所を出たいから旅行をする人もいる。だれでも同じ場所に住んで同じことばかりしていると、（③　）いやになってしまう。（④　）、日常生活を忘れるために旅行をするのだ。

第9課

文法・練習 (話す・聞く)

1. 読み方を書きましょう。

   1) 決まる
   2) 済む
   3) 印鑑
   4) 性能
   5) 機能
   6) 平日
   7) 将棋
   8) 自慢する
   9) 豚肉
   10) 牛肉
   11) 気温
   12) 降水量
   13) 月別
   14) 平均
   15) 予防注射

2. □からことばを選び、必要なら正しい形に変えて書きましょう。

   1) どんな（　　　）の男性(だんせい)が好きですか。
      …俳優ならこの映画に出ている人が好きです。
      | 部分　事情　理想　タイプ |

   2) この電子辞書はジャンプ（　　　）が付いているので、便利(べんり)だ。
      | 性能　機能　能力　特徴 |

   3) 日本の車は（　　　）が良いので、海外でも人気がある。
      | 特徴　要望　性能　製品(せいひん) |

   4) 彼(かれ)は弟が医学部に合格(ごうかく)したことを（　　　）ばかりいる。みんなその話を何回も聞かされた。
      | 世話をする　自慢する　褒(ほ)める　黙る |

   5) この仕事の交渉が（　　　）だら、病院で検査を受けるつもりだ。
      | 止む　済む　飛ぶ　つかむ |

   6) ［レストランで］注文(ちゅうもん)が（　　　）ら、このボタンを押(お)してください。
      | 申し出る　認める　決まる　差し上げる |

3. □から正しいことばを選んで書きましょう。
   | 平日　平均　印鑑　気温　中央 |

   1) 休日は紅葉見物の人でいっぱいだが、（　　　）はすいている。
   2) この国は、8月は夜でも（　　　）が高いので、注意してください。
   3) 今回の試験はクラスの（　　　）が60点だった。
   4) （　　　）がなければ、サインでもいいですよ。

1.
1) ＿＿＿＿まる
2) ＿＿＿＿む
3) ＿＿＿＿
4) ＿＿＿＿
5) ＿＿＿＿
6) ＿＿＿＿
7) ＿＿＿＿
8) ＿＿＿＿する
9) ＿＿＿＿
10) ＿＿＿＿
11) ＿＿＿＿
12) ＿＿＿＿
13) ＿＿＿＿
14) ＿＿＿＿
15) ＿＿＿＿

2.
1) ＿＿＿＿
2) ＿＿＿＿
3) ＿＿＿＿
4) ＿＿＿＿
5) ＿＿＿＿
6) ＿＿＿＿

3.
1) ＿＿＿＿
2) ＿＿＿＿
3) ＿＿＿＿
4) ＿＿＿＿

文法・練習 （読む・書く）

4. 読み方を書きましょう。

1) 国々
2) 都市
3) 入国する
4) 資源
5) 大雪
6) 乾燥する
7) 道路
8) 最後
9) 生きる
10) 誕生
11) 実現する
12) 金メダル
13) 選手

5. ☐から正しいことばを選び、必要なら正しい形に変えて書きましょう。

1) 祖父が（　　　　）ていたら、合格を喜んでくれただろう。
   ┃誕生する　生きる　生活する　守る┃

2) 去年は雨もよく降ったし、暖かかったので、米がよく（　　　　）た。
   ┃咲く　とれる　出る　入る┃

3) できれば来年までに家を建てて夢を（　　　　）つもりだ。
   ┃実現させる　増やす　本当に来させる　持って来る┃

4) 野菜を（　　　）せると、味が濃くなるらしい。
   ┃枯れる　輝く　乾燥する　干す┃

5) 雨が急にひどくなったので、山から川の水が（　　　　）流れてきた。
   ┃そろそろ　やっと　だんだん　どんどん┃

話す・聞く

6. 読み方を書きましょう。

1) 書き込み
2) 検索
3) 例文
4) 商品
5) 国語辞書
6) 和英辞書
7) 載る
8) 付け加える
9) 編集する
10) 留守番をする
11) 柄

7. ☐からことばを選び、必要なら正しい形に変えて書きましょう。
☐のことばは1回しか使えません。

4.
1) ＿＿＿＿
2) ＿＿＿＿
3) ＿＿＿する
4) ＿＿＿＿
5) ＿＿＿＿
6) ＿＿＿する
7) ＿＿＿＿
8) ＿＿＿＿
9) ＿＿＿きる
10) ＿＿＿＿
11) ＿＿＿する
12) ＿＿＿メダル
13) ＿＿＿＿

5.
1) ＿＿＿＿
2) ＿＿＿＿
3) ＿＿＿＿
4) ＿＿＿＿
5) ＿＿＿＿

6.
1) ＿きみ＿
2) ＿＿＿＿
3) ＿＿＿＿
4) ＿＿＿＿
5) ＿＿＿＿
6) ＿＿＿＿
7) ＿＿＿る
8) ＿け＿える
9) ＿＿＿する
10) ＿＿＿をする
11) ＿＿＿＿

```
柄    無地    留守番    機能    日記
```

1) 花子(はなこ)さんはお母さんがいないあいだ、家で（　　　）をしている。
2) この折りたたみの傘(かさ)は小さい花の（　　　）がすてきですね。
3) この辞書はジャンプ（　　　）がついている。
4) 夏休みに毎日（　　　）を書く宿題が出て妹は困(こま)っています。

```
載る    挙げる    付け加える    指す    検索する    探(さが)す
```

5) 今日の新聞に怖い事件の記事が（　　　）ている。
6) インターネットで（　　　）たら、店の電話番号がわかる。
7) 電子辞書をお（　　　）ですか。
8) この作文は初めの部分がわかりにくいので、もう少し説明を
　（　　　）ください。
9) 「こそあど」の語はどの部分を（　　　）か、よく考えてみてください。

```
ちゃんと    ぴったり    ちっとも
しっかり    はっきり    自由に    やっと
```

10) 留学しているあいだに（　　　）勉強してください。
11) この靴(くつ)はわたしの足に（　　　）合います。
12) だいたいわかりますが、（　　　）聞こえません。もう少し大きい声で話してください。
13) 切符(きっぷ)は（　　　）買ってあります。
14) 先生は子どもを（　　　）遊ばせました。
15) 中村(なかむら)さんが合格したのを（　　　）知りませんでした。

読む・書く

8. 読み方を書きましょう。
1) 共通語
2) 演奏
3) 特許
4) 倒産
5) 大金持ち
6) 誇る
7) 影響
8) 有名人
9) 録音する
10) 貸し出す
11) 競争
12) 性別
13) 地域
14) 娯楽
15) お年寄り
16) 仲間
17) 心
18) 治す
19) 単なる
20) 交流協会
21) 広報誌
22) 暮らし

7.
1) ＿＿＿＿＿
2) ＿＿＿＿＿
3) ＿＿＿＿＿
4) ＿＿＿＿＿
5) ＿＿＿＿＿
6) ＿＿＿＿＿
7) ＿＿＿＿＿
8) ＿＿＿＿＿
9) ＿＿＿＿＿
10) ＿＿＿＿＿
11) ＿＿＿＿＿
12) ＿＿＿＿＿
13) ＿＿＿＿＿
14) ＿＿＿＿＿
15) ＿＿＿＿＿

8.
1) ＿＿＿＿＿
2) ＿＿＿＿＿
3) ＿＿＿＿＿
4) ＿＿＿＿＿
5) ＿＿＿＿ち
6) ＿＿＿＿る
7) ＿＿＿＿＿
8) ＿＿＿＿＿
9) ＿＿＿＿する
10) ＿＿し＿＿す
11) ＿＿＿＿＿
12) ＿＿＿＿＿
13) ＿＿＿＿＿
14) ＿＿＿＿＿
15) お＿＿＿り
16) ＿＿＿＿＿
17) ＿＿＿＿＿
18) ＿＿＿＿す
19) ＿＿＿＿なる

23）役立つ　　　　　　　24）参加者

9. ▭ から正しいことばを選んで書きましょう。

1）市民の（　　　）は楽ではない。
　| 暮らし　費用　事情　家庭 |

2）この注射だけで風邪を（　　　）ことができる。
　| 延期する　取り消す　治す　奪う |

3）生活に（　　　）発明をした。
　| とんでもない　役立つ　接続する　伸びる |

4）これは（　　　）旅行ではなく、会社の研修です。
　| たいした　もったいない　単なる　枯れた |

10. ▭ から正しいことばを選んで書きましょう。

| 性別　ヒント　心　地域　制度　有名人 |

1）（　　　）の中で思っていることは、ことばで表さなければわからない。

2）このスープは北の方の（　　　）で昔から作られている伝統的な料理です。

3）この本にはガンジー、毛沢東など、（　　　）の話が載っている。

4）日本の着物を（　　　）にして服を作った。

5）このクラスには、年齢・（　　　）に関係なく申し込むことができます。

| 録音　演奏　特許　仲間　条件 |

6）ピアノの（　　　）に合わせて歌ってください。

7）カラオケは世界中の人が楽しめる娯楽だ。家族や（　　　）と楽しく歌が歌える。

8）忘れないように会議の内容を（　　　）してレポートを書いた。

9）カラオケを発明した人は（　　　）を取らなかった。

11. ▭ から正しいことばを選んで書きましょう。

| しっかり　ぼんやり　きっかけに　今では　それに |

　父は毎晩7時間寝ているのに、朝起きると頭が痛いという。そこで、父に歩数計をプレゼントした。このプレゼントを（　①　）、父はたくさん歩くようになった。例えば、会社から帰るときは1つ前の駅で電車を降りて歩く。歩くと少し疲れるのでよく眠れるし、（　②　）、朝起きたとき気分も良いそうだ。前は父だけだったが、（　③　）家族みんなが歩数計を使うようになった。わたしも毎朝出かけるとき、（　④　）歩数計を身につけている。　※歩数計＝歩いた数を数える道具…pedometer

第7～9課 復習

1. ☐ に ⬜ から漢字を一つ選んでことばを作りましょう。

⬜ 人　生　肉　会　地 ⬜

例）小学☐　　高校☐　　大学☐　　　　　　（　　）
1）有名☐　　宇宙☐　　日本☐　　　　　　（　　）
2）無☐　　　青☐　　　白☐　　　　　　　（　　）
3）豚☐　　　牛☐　　　鳥☐　　　　　　　（　　）
4）歓迎☐　　交流☐　　音楽☐　　　　　　（　　）

2. ⬜ から正しいことばを選んで正しい形で書きましょう。

1）社長は世界に一つしかない車を持っていると言って（　　　）ている。

⬜ しかる　いじめる　いばる　腹を立てる ⬜

2）夏は毎日水をやらないと、すぐ花が（　　　）ちゃうよ。

⬜ 解決する　枯れる　済む　死ぬ ⬜

3. {　} から正しいことばを選んで書きましょう。

例）ごみを {減る　減らす} ために、袋を持って買い物に行くことにしている。

1）川に沿って行くと、道が二つに {分かれ　分け} ていたから、そこを左に曲がった。
2）おせち料理に入っている食べ物には意味があります。例えば、魚の卵は「家族に子どもがたくさん {生んで　生まれて} ほしい」という意味です。
3）野菜が嫌いなので、食べないで {残る　残す} ことが多い。
4）すてきなお名前ですね。どなたがその名前を {ついて　つけて} くれたんですか。
5）あっ、電話だ。すみませんが、電話に {出て　出して} くれませんか。
6）掃除が {済んだ　済ませた} ら、料理を始めてください。
7）火が強かったので、魚が {焦げて　焦がして} しまった。
8）旅行のプランを {立つ　立てる} まえに、その地域の気温を調べたほうがいい。
9）隣にビルが {建った　建てた} ので、窓から海が見えなくなった。

1.
例）　生
1）＿＿＿＿
2）＿＿＿＿
3）＿＿＿＿
4）＿＿＿＿

2.
1）＿＿＿＿
2）＿＿＿＿

3.
例）減らす
1）＿＿＿＿
2）＿＿＿＿
3）＿＿＿＿
4）＿＿＿＿
5）＿＿＿＿
6）＿＿＿＿
7）＿＿＿＿
8）＿＿＿＿
9）＿＿＿＿

4. （　）にひらがなを一つ書きましょう。また、＿＿＿に □ から
ことばを選び、必要なら正しい形に変えて書きましょう。

| 待ち合わせる　背負う　与える |
| 役立つ　とれる　いじめる　感心する |

例）この地域では米（　）たくさん＿＿＿＿ので、昔からお酒が
作られている。

1）込んでいる電車の中でリュック（　）＿＿＿＿いると、後ろの
人は迷惑だ。

2）駅の改札口で5時に友達（　）＿＿＿＿ている。いっしょに音
楽会に行くのだ。

3）動物（　）＿＿＿＿てはいけない。

4）髪を洗ってぬれたまま寝ると、髪（　）ダメージを＿＿＿＿ちゃ
うんだよ。

5）留学（　）＿＿＿＿情報はこの雑誌（　）たくさん載って
いるよ。

5. □ から正しいことばを選んで書きましょう。

| 今ごろ　うっかり　今では　最後に　どんどん |

1）さあ（　）食べてください。食べ物はたくさん用意してあり
ますから。

2）スピーチの（　）お礼のことばを付け加えました。

3）彼はさっき出発したから、（　）新幹線の中でお弁当でも食べ
ているよ。

4）図書館に本を返そうと思っていたが、（　）していて忘れてし
まった。

| 次々に　しっかり　たいした　単なる |

5）（　）ことはしていないのに、先生に褒められた。

6）外で遊んでいた子どもが一人倒れたら、（　）倒れた。暑い日
だったからだ。

7）このペンは（　）ペンではない。録音できる機能が付いている。

6. ｛　｝から正しいことばを選んで書きましょう。

とても疲れた日は、夜になると｛① 最高に　反対に　自然に｝眠くな
るが、寝ても疲れが取れないことがある。ある雑誌によると、「アクティ
ブ・レスト」という休み方がよいとのことだ。どんなに疲れていても
｛② 少なかったら　少なくとも　少しなら｝5分くらいは運動をしてか
ら寝る。そうすると早く疲れが取れるという調査結果が出たそうだ。
｛③ それでは　そこから　そこで｝、わたしも非常に疲れている日には、
軽く運動してから寝ることにしている。

4.

例）（が）とれる
1）（　）＿＿＿＿
2）（　）＿＿＿＿
3）（　）＿＿＿＿
4）（　）＿＿＿＿
5）（　）＿＿＿＿
　（　）

5.
1）＿＿＿＿
2）＿＿＿＿
3）＿＿＿＿
4）＿＿＿＿
5）＿＿＿＿
6）＿＿＿＿
7）＿＿＿＿

6.
①＿＿＿＿
②＿＿＿＿
③＿＿＿＿

第10課

文法・練習 (話す・聞く)

1. 読み方を書きましょう。
   1) 否定する
   2) 宝くじが当たる
   3) 計画
   4) 実際

2. □からことばを選び、必要なら正しい形に変えて書きましょう。

   | 変更　計画　実現 |

   1) （①　　　）では北海道に旅行するはずだったのですが、都合で広島に（②　　　）になりました。

   | 喜ぶ　見かける　もうける　当たる　出る　当てる |

   2) 東京に住んでいると、町の中で有名人を（　　　）ことがある。
   3) 1億円の宝くじが（①　　　）ら、何に使う?
      …そうね、自分で（②　　　）お金じゃないし、難しいね。
   4) オリンピックに（①　　　）ば、両親が非常に（②　　　）だろう。

文法・練習 (読む・書く)

3. 読み方を書きましょう。
   1) ［電話が］通じる
   2) 時間通りに
   3) 鬼
   4) 怒る
   5) 抽選
   6) 一等
   7) 投票
   8) お互いに

4. ＿＿＿の部分とだいたい同じ意味のものを①～④から選びましょう。
   1) 部長はめったに仕事を休まない。（　　）
      ① 仕事を休んだことがない。　② 仕事を休むことがとても少ない
      ③ 仕事を全く休まない　④ 仕事を休むことが嫌いだ
   2) その方のお名前は存じません。（　　）
      ① ありません　② 聞きません
      ③ 知りません　④ 書いてありません

1.
1) ＿＿＿＿＿する
2) ＿＿＿くじが　たる
3) ＿＿＿＿＿
4) ＿＿＿＿＿

2.
1) ①＿＿＿＿＿
   ②＿＿＿＿＿
2) ①＿＿＿＿＿
3) ①＿＿＿＿＿
   ②＿＿＿＿＿
4) ①＿＿＿＿＿
   ②＿＿＿＿＿

3.
1) ［電話が］＿＿じる
2) ＿＿＿＿りに
3) ＿＿＿＿＿
4) ＿＿＿＿る
5) ＿＿＿＿＿
6) ＿＿＿＿＿
7) ＿＿＿＿＿
8) お＿＿＿いに

4.
1) ＿＿＿＿＿
2) ＿＿＿＿＿

5. ☐ からことばを選び、必要なら正しい形に変えて書きましょう。

   | 計画　抽選　交渉　投票 |

   1）マンションのロビーを禁煙にするかどうか話し合い、（　　　）をした結果、禁煙に賛成の人のほうが多かった。
   2）希望者が多かったので、（　　　）で入場者を決めることにした。
   3）この町に新幹線の駅ができる（　　　）があるので、楽しみです。

   | 通じる　減らす　かける |

   4）音楽会が行われる場所では、携帯電話が（　　　）ないようになっている。
   5）ごみを（　　　）努力をしていますか。

話す・聞く

6. 読み方を書きましょう。
   1）聞き返す　　　4）驚く
   2）倉庫　　　　　5）[60]代
   3）親しい　　　　6）誤解

7. ＿＿＿の部分とだいたい同じ意味のものを①〜④から選びましょう。
   1）てっきり会議は明日だと思っていた。（　　）
   　① 会議は明日のはずだ。
   　② 会議は明日だと聞いた。
   　③ 会議は明日だということが間違いだとわかった。
   　④ 会議は明日だとずっと思っている。
   2）気を悪くしないでください。（　　）
   　① 風邪をひかないでください。　② 怒らないでください。
   　③ 忘れないでください。　　　　④ 驚かないでください。

8. ☐ からことばを選び、必要なら正しい形に変えて書きましょう。

   | 出す　入る　入れる |

   1）プリンターの電源が（①　　　）なくなったんですが。
   　…困りましたね。すぐ修理に（②　　　）ましょう。

5.
1）＿＿＿＿＿＿
2）＿＿＿＿＿＿
3）＿＿＿＿＿＿
4）＿＿＿＿＿＿
5）＿＿＿＿＿＿

6.
1）　き　　　す
2）＿＿＿＿＿＿
3）　　　　しい
4）　　　　く
5）[60]＿＿＿＿
6）＿＿＿＿＿＿

7.
1）＿＿＿＿＿＿
2）＿＿＿＿＿＿

8.
1）①＿＿＿＿＿
　　②＿＿＿＿＿

44

親しい　申し訳　驚く　聞き返す　誤解　謝る

2) 上司と話すときは、いくら（　　　　）くても、敬語を使ったほうがいいですよ。
3) あの元気な小川さんが80代だと聞いて、（　　　　）ました。
4) 相手の日本語がわからないときは、（　　　　）ばいいですよ。
5) すみません、わたしの（①　　　　）でした。（②　　　　）ありません。

読む・書く

9. 読み方を書きましょう。
　1) 記憶
　2) 型
　3) 落とし物
　4) 転ぶ
　5) 奇数
　6) 偶数
　7) 手術
　8) 患者
　9) 心理学者
　10) 一方
　11) 指
　12) 困った人
　13) 完成する
　14) 出来事
　15) 不注意
　16) 引き起こす

10. ＿＿＿の部分とだいたい同じ意味のものを①〜④から選びましょう。
　1) 不注意が大きな事故につながった。（　　）
　　① 不注意と大きな事故はいっしょに起きた。
　　② 不注意の結果、大きな事故が起きた。
　　③ 不注意の後、大きな事故が起きた。
　　④ 不注意は大きな事故を引き起こすことがある。
　2) 本を読みながらメモをとっておくと、レポートを書くとき役に立つ。（　　）
　　① 便利だ　② 大切だ　③ 必要だ　④ 立派だ

11. ＿＿＿と反対の意味のことばを書きましょう。
　例) 今日は暑いです。⇔（　　　　）
　1) 偶数番号はいくつありますか。⇔（　　　　）
　2) 彼の手術は成功した。⇔（　　　　）

---

2) ＿＿＿＿＿
3) ＿＿＿＿＿
4) ＿＿＿＿＿
5) ① ＿＿＿＿＿
　② ＿＿＿＿＿

9.
1) ＿＿＿＿＿
2) ＿＿＿＿＿
3) ＿＿＿とし＿
4) ＿＿＿＿ぶ＿
5) ＿＿＿＿＿
6) ＿＿＿＿＿
7) ＿＿＿＿＿
8) ＿＿＿＿＿
9) ＿＿＿＿＿
10) ＿＿＿＿＿
11) ＿＿＿＿＿
12) ＿＿＿った＿
13) ＿＿＿する＿
14) ＿＿＿＿＿
15) ＿＿＿＿＿
16) ＿き＿こす＿

10.
1) ＿＿＿＿＿
2) ＿＿＿＿＿

11.
例) 寒い（さむい）
1) ＿＿＿＿＿
2) ＿＿＿＿＿

12. ☐から正しいことばを選んで書きましょう。

1) ゆうべは飲みすぎました。店からどうやって家へ帰ったか、（①　　　）がないんですよ。それに、（②　　　）もしてしまいました。

　　| 手がかり　　落とし物　　記憶　　出来事 |

2) おれは生まれてから今まで、うそなんか一つもついたことないよ。
　…へえ、（①　　　）だね。いや、（②　　　）かな。

　　| 大うそつき　　あわて者　　聖人君子(せいじんくんし)　　困った人 |

13. ☐からことばを選び、必要なら正しい形に変えて書きましょう。

　　| 合(あ)う　　換(か)える　　忘(わす)れる　　始める |

1) 家のかぎをかけ（　　　）て、出かけてしまった。
2) ここから大阪(おおさか)へ行くときは電車を2回乗り（　　　）なければならない。
3) 地震(じしん)、大雨などのときには、近くに住む人たちが助け（　　　）ことが大切だ。

14. ＿＿の部分とだいたい同じ意味のものを①〜④から選びましょう。

1) ここから落ちたら、死ぬよ。気をつけて。（　）
　①消える　②命をなくす　③消す　④なくなる
2) 医者は病気の人を治すのが仕事だ。（　）
　①困った人　②あわて者　③患者　④迷子

15. ☐から正しいことばを選んで書きましょう。

　　| 一方　　うっかり　　こういう　　ぼんやり　　最も |

　昼間は（①）していて、夜になると元気になる。ほかの人が寝てしまった夜中(よなか)に、仕事や勉強を一生懸命(いっしょうけんめい)やる。（②）人を夜型人間(よるがたにんげん)という。（③）、朝が一日の中で（④）元気だという人を朝型人間(あさがたにんげん)という。最近は夜型から朝型に変(か)わる人が増えているというニュースをテレビで見た。

第11課

文法・練習（話す・聞く）

1. 読み方を書きましょう。
   1) 企業
   2) 今後
   3) 方言
   4) 普及する
   5) 建つ
   6) 大家族
   7) 個人
   8) 入学式
   9) 派手だ
   10) 元気を出す

2. 下の（＝　　　）と同じような意味を持つことばを書きましょう。
   1) インターネットが（　　して）便利になった。
      （＝たくさんの人に使われるようになって）
   2) （　　　）で住んでいたのでにぎやかだった。
      （＝両親と私たち夫婦、そして4人の子どもたち）

3. ［　　］からことばを選び、必要なら正しい形に変えて書きましょう。
   1) 大変だと思うけど、どうぞ元気を（　　　）てください。
      ［ 実現する　出す　引き起こす　付け加える ］
   2) 葬式に行くときは（　　　）ネクタイをしてはいけない。
      ［ にぎやか　派手　急　伝統的 ］
   3) 町が発展して、（　　　）ますます景気がよくなっていくだろう。
      ［ 今後　今度　後から　前に ］
   4) あそこの（　　　）お金持ちそうな男の人、だれだろう。
      ［ てっきり　めったに　いかにも　しっかり ］
   5) 辞書で調べたら、（　　　）わからなくなってしまった。
      ［ ますます　せっかく　もともと　何とか ］

文法・練習（読む・書く）

4. 読み方を書きましょう。
   1) 広告
   2) 美容院
   3) 車いす
   4) 寄付する
   5) 地味だ
   6) 原爆
   7) 恐ろしさ
   8) 自宅
   9) 落ち着く
   10) 行動する

1.
1) ＿＿＿＿＿
2) ＿＿＿＿＿
3) ＿＿＿＿＿
4) ＿＿＿＿＿する
5) ＿＿＿＿＿つ
6) ＿＿＿＿＿
7) ＿＿＿＿＿
8) ＿＿＿＿＿
9) ＿＿＿＿＿だ
10) ＿＿＿＿＿を＿＿＿す

2.
1) ＿＿＿＿＿して
2) ＿＿＿＿＿

3.
1) ＿＿＿＿＿
2) ＿＿＿＿＿
3) ＿＿＿＿＿
4) ＿＿＿＿＿
5) ＿＿＿＿＿

4.
1) ＿＿＿＿＿
2) ＿＿＿＿＿
3) ＿＿＿＿＿いす
4) ＿＿＿＿＿する
5) ＿＿＿＿＿だ
6) ＿＿＿＿＿
7) ＿＿＿＿＿ろしさ
8) ＿＿＿＿＿
9) ＿＿＿＿＿ち＿＿く
10) ＿＿＿＿＿する

11) 遺跡 13) 南極
12) 発掘 14) 探検

5. 下の（＝　　　）と同じような意味を持つことばを□から選び、正しい形に変えて書きましょう。

1) 地震のときは、（　　　）ないでください。
（＝すぐに動いたり、急いで逃げたりする）
| つながる　のんびりする　あわてる　うっかりする |

2) 困っている人たちに服や本を（　　　）ましょう。
（＝無料で差し上げる）
| 行動する　普及する　寄付する　変更する |

6. □からことばを選び、必要なら正しい形に変えて書きましょう。

1) かぎがなくなったんだけど、（　　　）探したら、見つかった。
| わざわざ　どんどん　落ち着いて　重ねて |

2) 5時のバスに間に合うように、（　　　）行かなければならない。
| あわてて　急いで　忙しく　急に |

3) 入学式に出席するときは黒やグレーなど（　　　）色の服を着たほうがいい。
| 派手　地味　快適　複雑 |

7. □から正しいことばを選んで書きましょう。
| 遺跡　発掘　探検　南極　広告 |

1) （　　　）は地球の一番南にある。
2) 電車で新しい雑誌の（　　　）を見た。おもしろそうな内容の雑誌だった。
3) この（　　　）から偉い人が使っていた金の印鑑が出てきたらしい。
4) 南極を（　　　）したとき、珍しい動物を見た。

話す・聞く

8. 読み方を書きましょう。

1) 世界遺産
2) 価値
3) 流氷
4) 自由行動
5) 提案する
6) 乗り物
7) 酔う
8) 仮装
9) 染める

9. ＿＿＿の部分とだいたい同じ意味のものを①〜④から選びましょう。

1）今日は風が強いので、船に乗ったら酔いそうだ。（　）
　① 顔が赤くなる　② 気持ちが悪くなる
　③ トイレに行きたくなる　④ よい気分になる

2）あのお店に寄ってケーキを買ったらいいと思うよ。（　）
　① 並んで　② 予約して　③ 入って　④ 途中で行って

10. ＿＿＿からことばを選び、必要なら正しい形に変えて書きましょう。

1）髪を茶色に（　　　　）と、派手だが顔が明るく見える。
　| 染める　想像する　いじめる　乾燥する |

2）使っていない鉛筆を子どもたちに寄付することを（　　　　）た。
　| 学習する　提案する　接続する　差し上げる |

3）もう時間だから、（　　　）く体操して練習を終わりましょう。
　| 低い　弱い　軽い　小さい |

11. ＿＿＿から正しいことばを選んで書きましょう。

| やっぱり　さらに　そうだ　てっきり |
| 今では　これまでに　それも |

1）雨がひどくなった。（　　　）風も強くなったので、出かけるのをやめた。
2）沖縄は冬も暖かくていいが、わざわざ行くなら（　　　）夏のほうがいいね。
3）冬のオリンピックは（　　　）日本で二度開かれている。
4）A：忘年会は船の上でしようと思うんだ。
　B：（①　　　）悪くないけど…。お金がかかるよね。
　A：それも（②　　　）ね。
5）小川さんはお元気なので（　　　）60代かと思っていました。83歳なんて信じられません。

| 問題　行動　乗り物　価値 |

6）日本はわたしの国に比べると、バスや電車など（　　　）の料金が高すぎる。
7）世界遺産の富士山は見る（　　　）がある。
8）このツアーは飛行機とホテルは決まっているが、あとは自由（　　　）だ。

読む・書く

12. 読み方を書きましょう。

1) 黄金
2) 伝説
3) 屋根
4) 農作物
5) 金銀
6) 治める
7) 掌
8) 後半
9) 向き
10) 抵抗
11) 火薬
12) 製造する
13) 家内産業
14) 期待する
15) 前半
16) 住み着く
17) 城
18) 掘り当てる
19) 権力者
20) 飢きん
21) 数百軒
22) 一人残らず
23) 消える
24) 保管する
25) 積もる
26) 気候
27) 観光地

13. ☐から正しいことばを選んで書きましょう。

1) 彼は泳ぐとき、水の（　　　）を少なくするために髪を短くしているそうです。

　　抵抗　反対　傾向　行動

2) この地方では雪が2メートル以上（　　　）ので、玄関からは家の中に入れない。

　　渋滞する　置く　重なる　積もる

14. ☐から正しいことばを選んで書きましょう。

　　今後　いかにも　実際には　いつまで　これまで　今にも

　新聞によると、インドなど南アジアから日本への留学生は2013年春で540人ぐらいだったということだ。アメリカへの10万人、イギリスへの4万人と比べると、かなり少ない。（　①　）ずっと日本は物価が高いと思われていたからだ。大学などに払うお金も（　②　）高そうだという印象があったらしい。しかし、（　③　）アメリカやオーストラリアの大学に比べると安い。（　④　）ますます円安が進めば日本に来る留学生も増えるかもしれないが、円安は（　⑤　）続くかわからない。日本の大学の魅力を海外に説明していかなければならない。

※ 円安…depreciation of the yen

12.
1) ＿＿＿＿＿
2) ＿＿＿＿＿
3) ＿＿＿＿＿
4) ＿＿＿＿＿
5) ＿＿＿＿＿
6) ＿＿＿＿める
7) ＿＿＿＿＿
8) ＿＿＿＿＿
9) ＿＿＿＿き
10) ＿＿＿＿＿
11) ＿＿＿＿＿
12) ＿＿＿＿する
13) ＿＿＿＿＿
14) ＿＿＿＿する
15) ＿＿＿＿＿
16) ＿＿み＿＿く
17) ＿＿＿＿＿
18) ＿＿＿り＿＿てる
19) ＿＿＿＿＿
20) ＿＿＿＿きん
21) ＿＿＿＿＿
22) ＿＿＿＿らず
23) ＿＿＿＿える
24) ＿＿＿＿する
25) ＿＿＿＿もる
26) ＿＿＿＿＿
27) ＿＿＿＿＿

13.
1) ＿＿＿＿＿
2) ＿＿＿＿＿

14.
① ＿＿＿＿＿
② ＿＿＿＿＿
③ ＿＿＿＿＿
④ ＿＿＿＿＿
⑤ ＿＿＿＿＿

第12課

文法・練習 (話す・聞く)

1. 読み方を書きましょう。
   1) 演奏会
   2) 報告書
   3) 犯人
   4) 追いかける
   5) 作業
   6) 落書きする
   7) 夜中
   8) 日が当たる

2. ＿＿＿の部分とだいたい同じ意味のものを①〜④から選びましょう。
   1) これ、有名な絵なんだって。
      …へえ、そうなの。<u>子どもの落書きみたいに見える</u>けどね。（　）
      ① 子どもがペンを落として書いた絵のように
      ② 子どもが遊びで書いた絵のように
      ③ 子どもの顔の絵のように
      ④ 子どもらしい絵のように
   2) マリアさん、帰国したそうですね。
      …ええ、そうなんです。<u>事情はわかりません</u>けど。（　）
      ① いつ帰ったのかわかりません
      ② どうして帰ったのかわかりません
      ③ どこへ帰ったのか知りません
      ④ 本当かどうか知りません

3. ［　］からことばを選び、必要なら正しい形に変えて書きましょう。
   ［ する　当たる　追いかける　出す ］
   1) 先生の目の前で大きなあくびを（　　　）なんて、失礼だ。
   2) この部屋はよく日が（　　　）ので、冬でも暖かい。
   3) 夫が財布を忘れて出かけたので、あわてて自転車で（　　　）た。

文法・練習 (読む・書く)

4. 読み方を書きましょう。
   1) 暮らす
   2) 書道
   3) 蛍光灯
   4) 目覚まし時計
   5) 鳴る
   6) 温暖な
   7) 家事
   8) 迷惑
   9) 風邪薬
   10) 乗り遅れる

1.
1) ＿＿＿＿＿＿
2) ＿＿＿＿＿＿
3) ＿＿＿＿＿＿
4) ＿＿＿いかける
5) ＿＿＿＿＿＿
6) ＿＿＿きする
7) ＿＿＿＿＿＿
8) ＿＿が＿＿たる

2.
1) ＿＿＿＿＿＿
2) ＿＿＿＿＿＿

3.
1) ＿＿＿＿＿＿
2) ＿＿＿＿＿＿
3) ＿＿＿＿＿＿

4.
1) ＿＿＿＿らす
2) ＿＿＿＿＿＿
3) ＿＿＿＿＿＿
4) ＿＿＿＿まし
5) ＿＿＿＿る
6) ＿＿＿＿な
7) ＿＿＿＿＿＿
8) ＿＿＿＿＿＿
9) ＿＿＿＿＿＿
10) ＿＿り＿＿れる

5. ＿＿＿の部分とだいたい同じ意味のものを①〜④から選びましょう。

1) ゆうべは<u>ぐっすり</u>眠れましたか。（　）
   ① 早く眠れましたか　② よく眠れましたか
   ③ 長く眠れましたか　④ 楽しく眠れましたか

2) ミラーさん、スピーチコンテストはどうでしたか。
   …<u>うまくいきませんでした</u>。（　）
   ① コンテストに行きませんでした
   ② スピーチをしませんでした
   ③ スピーチが上手にできませんでした
   ④ コンテストはありませんでした

6. ＿＿＿からことばを選び、必要なら<u>正しい形に変えて</u>書きましょう。

| かける　受ける　する　鳴る |

1) 母：先生、うちの子がご迷惑をお（　　　）して、申し訳ありません。
2) 目覚まし時計が（　　　）なくて、寝坊してしまった。

| 部屋　気候　人々 |

3) どうしてここで暮らすことにしたんですか。
   …そうですねえ、（　　　）が温暖だからです。
4) 南向きの（　　　）は冬でも暖かくて快適だ。

話す・聞く

7. 読み方を書きましょう。
1) 苦情　　　　　3) 自治会
2) 遅く　　　　　4) 役員

8. ＿＿＿の部分とだいたい同じ意味のものを①〜④から選びましょう。
1) 管理人：<u>田中さんから「隣の家のテレビがうるさい」という苦情がありました。</u>（　）
   ① 田中さんは隣の家に「テレビがうるさい」と言いに行った。
   ② 管理人は田中さんに「お宅のテレビがうるさい」と言われた。
   ③ 田中さんは隣の家のテレビがうるさくて困っていると管理人に言った。
   ④ 田中さんは管理人からテレビがうるさくて困っていると言われた。

5.
1) ＿＿＿＿＿＿＿
2) ＿＿＿＿＿＿＿

6.
1) ＿＿＿＿＿＿＿
2) ＿＿＿＿＿＿＿
3) ＿＿＿＿＿＿＿
4) ＿＿＿＿＿＿＿

7.
1) ＿＿＿＿＿＿＿
2) ＿＿＿＿＿＿＿く
3) ＿＿＿＿＿＿＿
4) ＿＿＿＿＿＿＿

8.
1) ＿＿＿＿＿＿＿

2）いつもお帰りが遅いんですか。
　　…ええ、どうしても10時ごろになってしまいます。（　）
　　① どうして帰る時間が10時ごろになるかわかりません。
　　② どんなに急いでも、帰る時間は10時ごろです。
　　③ 10時ごろまでに帰りたいです。
　　④ 10時より遅く帰ることはありません。

9. ☐から正しいことばを選んで書きましょう。

　　　残業　　自治会　　管理人　　役員

1）渡辺さんは（①　　　）の（②　　　）を引き受けた。
2）父は（　　　）が多いので、遅い時間に一人で晩ごはんを食べる。

　　　これから　　あまり　　途中で　　できるだけ

3）あしたは出張だから、今夜は（　　　）早く寝よう。
4）夜（　　　）濃いお茶を飲むと眠れなくなるので、気をつけてください。
5）昨日見た映画はつまらなくて、（　　　）眠ってしまった。

読む・書く

10. 読み方を書きましょう。

1）座談会　　　　10）加える
2）騒々しい　　　11）乗客
3）奥様　　　　　12）安全性
4）苦労　　　　　13）配慮する
5）中略　　　　　14）含む
6）都会　　　　　15）発車
7）住宅地　　　　16）必ずしも
8）虫の音　　　　17）近所
9）車内

11. ＿＿の部分とだいたい同じ意味のものを①〜④から選びましょう。

1）今日は3人の奥様においでいただきました。（　）
　　① いていただきました　　② 来ていただきました
　　③ 座っていただきました　　④ 行っていただきました

2）電車の車内アナウンスが必要かどうかについて、人々の意見は分かれている。（　）
　① 人々は、必要ではないという意見だ
　② 人々は、必要かどうかわからない
　③ 人々は、必要かどうか今考えているところだ
　④ 必要だと言う人と、必要ではないと言う人がいる

12. ＿＿＿から正しいことばを選んで書きましょう。

1）（①　　　）は田舎に比べると（②　　　）が少ないと言われている。しかし、どこに住んでいても近所の人に迷惑をかけない（③　　　）は大切だ。

苦労　都会　近所づきあい　配慮

2）（①　　　）の発車ベルは乗客の（②　　　）のために必要だ。

安全　踏み切り　ホーム　危険

13. ＿＿＿からことばを選び、必要なら正しい形に変えて書きましょう。

騒々しい　おかしな　たまらない　丁寧な　必ずしも

1）隣の部屋で仕事をしているのに、会って話さないでメールで連絡をしているんですか。（①　　　）ことですね。
　…おかしいですか。今の社会では（②　　　）珍しいことじゃないと思いますよ。

2）（①　　　）街の中に住んでいるので、時々静かなふるさとに帰りたくて（②　　　）くなる。

加える　含む　ある　とれる

3）果物にはビタミンCが多く（　　　）れている。

4）沖縄の青い海は見に行く価値が（①　　　）。それに（②　　　）て、海では珍しい魚が（③　　　）ので、特別な料理を食べることもできる。

14. ＿＿＿から正しいことばを選んで書きましょう。

さっぱり　それまで　ぐっすり　まるで

　子どもと大人では好きな味に違いがあるようだ。子どものころ、両親がおいしいと言って食べている魚のおいしさが（①　　　）わからなかったが、今は本当においしいと思う。野菜もそうだ。（②　　　）苦手だったピーマンが、高校生のころのある時から急に好きになった。今も大好きである。好きな食べ物が増えるのは楽しい。（③　　　）少し世界が広がったような気持ちになるのだ。

第10～12課 復習

1. ☐に ☐から漢字を一つ選んでことばを作りましょう。

| 会 | 員 | 者 | 生 | 院 | 地 | 道 | 書 | 物 |

例) 報告☐　教科☐　（　）

1) 患☐　あわて☐　（　）
2) 役☐　社☐　（　）
3) 小学☐　高校☐
　　大学☐　（　）
4) 書☐　茶☐　（　）
5) 音楽☐　座談☐　（　）
6) 乗り☐　落とし☐　（　）
7) 大学☐　美容☐　（　）
8) 住宅☐　観光☐　（　）

1.
例) ＿＿書＿＿
1) ＿＿＿＿＿
2) ＿＿＿＿＿
3) ＿＿＿＿＿
4) ＿＿＿＿＿
5) ＿＿＿＿＿
6) ＿＿＿＿＿
7) ＿＿＿＿＿
8) ＿＿＿＿＿

2. ＿＿＿と反対の意味のことばを書きましょう。

例) 彼女は地味な色の服が好きだ。⇔（　　　）

1) 偶数番号 ⇔ （　　　）
2) その時、田中さんはあわてていた。⇔（　　　）
3) そこは騒々しい町だ。⇔（　　　）
4) 映画の前半はつまらなかった。⇔（　　　）

2.
例) 派手な（はでな）
1) ＿＿＿＿＿
2) ＿＿＿＿＿
3) ＿＿＿＿＿
4) ＿＿＿＿＿

3. （　　）からことばを選んで正しい形に変えて書きましょう。

例) 試験の結果、残念だったね。でも、元気を＿＿＿＿て、また頑張って。（ 出す　出る ）

1) おかしいな。エンジンが＿＿＿＿ないぞ。故障かな。
　　（ かける　かかる ）
2) このパソコン、どうすれば電源が＿＿＿＿んですか。
　　（ 入る　入れる ）
3) お金を＿＿＿＿ずにおいしいものを食べるには、自分で料理をするのが一番だ。（ かかる　かける ）
4) 彼は若いときに宝くじが＿＿＿＿て大金持ちになった。
　　（ 当たる　当てる ）
5) 意見が＿＿＿＿＿＿たので、もう一度話し合うことになった。
　　（ 分ける　分かれる ）

3.
例) 出し
1) ＿＿＿＿＿
2) ＿＿＿＿＿
3) ＿＿＿＿＿
4) ＿＿＿＿＿
5) ＿＿＿＿＿

4. ☐から正しいことばを選んで書きましょう。

| 調査　方言　誤解　抽選　記憶　価値 |

1) この町にやってきたころは（　　　）が聞き取れなくて困ったが、今では自分でも話せるようになった。
2) 英語を話す人は外来語がすぐわかると思われているが、それは（　　　）だ。
3) 白川郷にあった黄金は今のお金でどのぐらいの（　　　）だろうか。
4) わたしの（　　　）では、この寺が建てられたのは江戸時代だと思います。
5) （　　　）の結果、最も人気があるのはこのタイプの携帯電話だとわかった。

| きっかけ　迷惑　ミス　提案　苦情　あくび |

6) この大学に入学しようと思った（　　　）は何ですか。
7) 夜はあまり騒がないでください。近所の人から（　　　）があったんです。
8) テストで同じ（　　　）を繰り返さないように、間違ったら必ずノートに書くことにしている。
9) 風邪薬を飲んだせいで、授業中に（　　　）が出て困った。
10) 道路に自転車を置いたら、通行人に（　　　）をかける。

5. （　　）にひらがなを一つ書きましょう。また、＿＿＿に☐からことばを選び、必要なら正しい形に変えて書きましょう。

| もうける　寄付する　助け合う　~~酔う~~　つながる |

例) わたしは船（に）酔う（よう）ので、電車で行くことにします。
1) 小さな不注意が大きな事故（　　）＿＿＿ことがある。
2) 困ったときは、お互い（　　）＿＿＿ましょう。
3) 仕事の目的はお金（　　）＿＿＿ことだけではない。
4) その科学者はノーベル賞の賞金の全額を大学（　　）＿＿＿たそうだ。

6. ☐から正しいことばを選んで書きましょう。

| 最も　てっきり　うっかり　ぐっすり　ぼんやり |

最近、よく失敗をする。先週は会議中に（ ① ）していて部長に叱られてしまった。おとといは仕事の待ち合わせに遅れてしまった。（ ② ）大きな失敗は、けさ大切な書類に（ ③ ）コーヒーをこぼしてしまったことだ。仕事が忙しくて疲れているのかもしれない。明日は休みだ。今夜は久しぶりに早く帰って、（ ④ ）眠ろう。

総復習

1. ☐ にかたかなを一字ずつ入れてカタカナ語を作りましょう。

例）寝る前に [カ☐☐☐] が高い物を食べると太りますよ。

1) 留守番電話に [メ☐☐☐] を入れるのは好きじゃない。
2) [マ☐☐☐] を見ながらテーブルを組み立てた。
3) 毎日栄養の [バ☐☐☐] を考えて食べていますか。
4) 駅のホームの [ア☐☐☐] はうるさいと思いますか。
5) これと同じ [デ☐☐☐] で別の色のTシャツはありませんか。

2. ☐ から漢字を一つ選んでことばを作りましょう。

　　　　　　| 員　家　人　者(しゃ)　手　者(もの) |

例）店☐　社☐　会☐　　　　　　　　　　（　　）
1) 運転☐　選☐　　　　　　　　　　　　（　　）
2) 宇宙☐　有名☐　友☐　　　　　　　　（　　）
3) 筆☐　出席☐　担当☐　参加☐　旅行☐
　　　　　　　　　　　　　　　　　　　（　　）
4) 作☐　音楽☐　努力☐　　　　　　　　（　　）
5) 人気☐　若☐　あわて☐　　　　　　　（　　）

　　　　　　| 場　院　屋　状　者　会 |

6) 案内☐　推薦☐　招待☐　　　　　　　（　　）
7) 発表☐　講演☐　歓迎☐　送別☐　交流☐
　　　留学生☐　　　　　　　　　　　　（　　）
8) 居酒☐　花☐　薬☐　　　　　　　　　（　　）
9) 大学☐　美容☐　　　　　　　　　　　（　　）
10) 会☐　駐車☐　運動☐　　　　　　　（　　）

1.
例）カロリー
1) メ＿＿＿＿＿
2) マ＿＿＿＿＿
3) バ＿＿＿＿＿
4) ア＿＿＿＿＿
5) デ＿＿＿＿＿

2.
例）　員
1) ＿＿＿＿＿
2) ＿＿＿＿＿
3) ＿＿＿＿＿
4) ＿＿＿＿＿
5) ＿＿＿＿＿
6) ＿＿＿＿＿
7) ＿＿＿＿＿
8) ＿＿＿＿＿
9) ＿＿＿＿＿
10) ＿＿＿＿＿

| 中 | 無 | 語 | 的 | 不 |

11) ☐意識に　☐意味　☐関心　（　）

12) ☐在　☐安　☐注意　☐自由　（　）

13) 具体☐　専門☐　伝統☐　（　）

14) 外来☐　共通☐　敬☐　（　）

15) 留守☐　使用☐　来客☐　（　）

3. ☐から漢字を一つ選び、＿＿＿の意味を表すことばを作りましょう。

| 用　欠　清　努　快　接 |

例) 試験の時、辞書を<u>使って</u>はいけません。　→　使[　]して

1) このシャツは洗ったばかりで<u>きれいだ</u>。　→　[　]潔だ

2) これとこれを<u>つなぐ</u>には道具が必要だ。　→　[　]続する

3) <u>悪いところ</u>が一つもない人間はいない。　→　[　]点

4) これからはもっと<u>頑張る</u>つもりだ。　→　[　]力する

5) 中村さんの<u>部屋</u>は<u>景色</u>がよくて<u>気持ちがいい</u>。　→　[　]適だ

4. ☐には共通のことばが入ります。☐から選んで書きましょう。

| 合わせる　出す　取る　着く　合う |

例) 上司と話し[　]　・過去の自分と向き[　]　（　）

1) 二つの文字を組み[　]　・友達と駅で待ち[　]　（　）

2) 先生の話を聞き[　]　・新聞記事を読み[　]　（　）

3) 学校の本を貸し[　]　・怖くて震え[　]　（　）

4) 気持ちが落ち[　]　・新しい町に住み[　]　（　）

3.

例) 使用して

1) ＿＿＿潔だ

2) ＿＿＿続する

3) ＿＿＿点

4) ＿＿＿力する

5) ＿＿＿適だ

4.

例) 合う（あう）

1) ＿＿＿

2) ＿＿＿

3) ＿＿＿

4) ＿＿＿

5. { } から正しいものを一つ選びましょう。また、＿＿＿に▭からことばを選び、必要なら正しい形に変えて書きましょう。

挙げる　送る　出る　済む　建つ　観察する

例) 隣に高いマンション{が　を　に}＿＿＿たので、部屋が暗くなった。

1) 夏休みのあいだ、毎晩星{が　を　に}＿＿＿た。
2) この道をまっすぐ行くと、大通り{が　を　に}＿＿＿はずです。
3) 父は退職して今は田舎で静かな生活{が　を　に}＿＿＿ている。
4) 試験{が　を　に}＿＿＿ら、すぐに電話します。
5) 具体的な例{が　を　に}＿＿＿て説明してください。

6. ▭からことばを選び、必要なら正しい形に変えて書きましょう。

消える　受ける　述べる　取り消す　震える

1) 急用で行けなくなったので、予約を（　　　）いただけないでしょうか。
2) 雨の中で犬が寒そうに（　　　）いたので、部屋の中に入れてあげた。
3) このレポートでは、日本文化の発展について（　　　）ようと思う。
4) 寝る前にこの薬を塗ったら、朝には顔の赤い点が（　　　）いた。

期待する　担当する　否定する　製造する　保管する

5) 説明によると、この豆腐は山の中のお寺で（　　　）ているようだ。
6) 城には長い間金銀が大切に（　　　）ていたとのことだ。
7) この選手はとても強いので、次のオリンピックで金メダルが（　　　）ている。
8) この仕事はぜひ私に（　　　）ていただけないでしょうか。

悲観　観光　黄金　屋根　楽観　競争　自由　権力

9) びんにお酒が半分入っている。（①　　　）的に考える人はこれを「半分しか残っていない」と言う。一方、（②　　　）的に考える人は「半分も残っている」と言う。
10) 昔この地を治めた（①　　　）者がこの城を造ったそうだ。城の（②　　　）には「金のしゃちほこ」がのっている。「金のしゃちほこ」というのは（③　　　）でできた魚のことで、今ではこれを見るために城に来る（④　　　）客も多い。
11) パックツアーだから、飛行機とホテルは決まっているけど、あとは（　　　）だよ。

5.
例) { が }建っ(たっ)
1) { }＿＿＿
2) { }＿＿＿
3) { }＿＿＿
4) { }＿＿＿
5) { }＿＿＿

6.
1) ＿＿＿
2) ＿＿＿
3) ＿＿＿
4) ＿＿＿
5) ＿＿＿
6) ＿＿＿
7) ＿＿＿
8) ＿＿＿
9) ①＿＿＿
　②＿＿＿
10) ①＿＿＿
　②＿＿＿
　③＿＿＿
　④＿＿＿
11) ＿＿＿

7. ☐からことばを選び、必要なら正しい形に変えて書きましょう。

温暖　紛らわしい　平凡　おとなしい　正確　親しい

1）ごみの出し方を教えてもらったのがきっかけで、隣の人と（　　　）なった。
2）この小説は、話が（　　　）すぎておもしろくない。
3）この辺りでは（　　　）気候を利用してみかんが作られている。
4）メールアドレスを手で書くと、ゼロとOなど（　　　）字が多くて困る。
5）渡辺さんは仕事が速くて（　　　）だから、早く課長になるだろう。

7.
1）＿＿＿＿
2）＿＿＿＿
3）＿＿＿＿
4）＿＿＿＿
5）＿＿＿＿

8. ☐から正しいことばを選んで書きましょう。

先　沿い　向こう側　突き当たり

あの横断歩道を渡ってまっすぐ行くと、川に出ます。川（①）に左の方へ行ってください。50メートルぐらい（②）に橋があります。そこを（③）へ渡ってください。そのまましばらく行くと、（④）にさくら美術館があります。

8.
①＿＿＿＿
②＿＿＿＿
③＿＿＿＿
④＿＿＿＿

9. ☐からことばを選び、必要なら正しい形に変えて書きましょう。

やめる　与える　実現する　目指す　愛する

あるコンビニではフォアグラが入った弁当を売ることにした。フォアグラとは無理にエサをたくさん（①）て太らせたガチョウの肝臓で、高級な食べ物である。このコンビニの社長は、この新製品で店のイメージを高級なものに変えることを（②）ていたのだ。ところが、フォアグラ弁当をテレビで紹介したら、動物を（③）人たちから「このような弁当を売るのは（④）ほしい」という要望の電話がたくさん担当者にかかってきたので、このフォアグラ弁当は中止になった。

※ガチョウ…goose　肝臓…liver　高級…high class

9.
①＿＿＿＿
②＿＿＿＿
③＿＿＿＿
④＿＿＿＿

10. {　}から正しいことばを選んで書きましょう。

会社の近くにラーメン屋がある。{① いつ　いつも} 見ても店の前に10人以上の人が並んでいる。この店ができて5年ぐらいになるが、わたしは {② いまさら　いまだに} 入ったことがない。並ぶ時間がもったいないのだ。とても有名なラーメン屋だそうだが、それを食べるために30分以上も並ぶ人の気持ちが {③ てっきり　さっぱり} わからない。どんな味をおいしいと思うかは人によって違う。人気のある店が {④ 必ずしも　めったに} おいしい店だとは言えないはずだ。

10.
①＿＿＿＿
②＿＿＿＿
③＿＿＿＿
④＿＿＿＿

新出語リスト

必ず覚える	☆☆☆
覚える	☆☆
覚えておくとよい	☆
わかればよい	

第1課

文法・練習（話す・聞く）

先輩	☆☆☆
どのように	☆☆
迷う［道に〜］	☆☆

文法・練習（読む・書く）

湖（みずうみ）	☆☆☆
〜中［留守〜］	☆☆☆
立派［な］	☆☆☆
〜過ぎ	☆☆☆
畳	☆☆☆
いっぱい	☆☆☆
まるで	☆☆
明るい［性格が〜］	☆☆
父親	☆☆
目指す	☆☆
命（いのち）	☆☆
座布団	☆☆
床（ゆか）	☆☆
おじぎ	☆☆
作家	☆☆
どんなに	☆☆
欠点	☆☆
似合う	☆☆
おせち料理	
初詣で（はつもうで）	
正座	

話す・聞く

それで	☆☆☆
お礼	☆☆☆
市民	☆☆☆
内容	☆☆
表現	☆☆
迷う［AかBか〜］	☆☆
部分	☆☆
会館	☆☆
市民会館	☆☆
伝統的［な］	☆☆
実際に	☆☆
そういう	☆☆
ふだん	☆☆
何とか	☆☆
奨学金（しょうがくきん）	☆☆
推薦状（すいせんじょう）	☆☆
交流	☆☆
司会	☆☆
目上	☆☆
断る	☆☆
引き受ける	☆☆
ポイント	☆
聞き取る	☆
イントネーション	

読む・書く

非常に	☆☆☆
それほど	☆☆☆
ちょうど	☆☆☆
つける［名前を〜］	☆☆☆
仕事部屋	☆☆☆
印象	☆☆
［お］住まい	☆☆
たたむ	☆☆
重ねる	☆☆
使い分ける	☆☆
旅行者	☆☆
〜者（しゃ）	☆☆
最も	☆☆
代表する	☆☆
全体	☆☆
敷く（しく）	☆☆
動かす	☆☆
客間	☆☆
居間	☆☆
呼吸する	☆☆
湿気（しっけ）	☆☆
取る［湿気を〜］	☆☆
快適［な］	☆☆
清潔［な］（せいけつな）	☆☆
小学生	☆☆
日常生活	☆☆
良さ	☆
何枚も	☆
組み合わせる	☆
ワラ	☆
本文（ほんぶん）	☆
チェックする	
板張り	
素足（すあし）	
読み取る	
やまとことば	
イグサ	
一戸建て	

第2課

文法・練習 （話す・聞く）

以外	☆☆☆
ふく［ガラスを～］	☆☆
結果	☆☆
守る［地球を～］	☆☆
メール	☆☆
郵便	☆☆
Eメール	☆☆
栄養（えいよう）	☆☆
カロリー	☆☆
環境	☆☆
省エネ	☆☆
学習する	☆☆
記事	☆☆
分ける［ごみを～］	☆☆
うわさ	☆☆
辺り	☆☆
アドバイス	☆☆
事件	☆☆
奪う（うばう）	☆☆
干す	☆☆
つく［うそを～］	☆☆
外来語	
ソフトウェア	
エコ	
アポ	

文法・練習 （読む・書く）

飛ぶ［空を～］	☆☆☆
腕	☆☆☆
つける［腕に～］	☆☆☆
本物	☆☆
オレンジ	☆☆
四角い	☆☆
ふるさと	☆☆
パジャマ	☆
ロボット	

話す・聞く

話しかける	☆☆
～宅	☆☆
工事	☆☆
休日	☆☆
断水	☆☆
不在連絡票	☆

読む・書く

引く［線を～］	☆☆☆
また	☆☆☆
例えば	☆☆☆
場合	☆☆☆
普通に	☆☆☆
必要	☆☆☆
比べる	☆☆☆
苦手［な］	☆☆
正確［な］	☆☆
バランス	☆☆
筆者	☆☆
とんでもない	☆☆
宇宙人	☆☆
全く	☆☆
別の	☆☆
～自身	☆☆
友人	☆☆
％（パーセント）	☆☆
なくてはならない	☆☆
取る［バランスを～］	☆☆
文章	☆☆
紛らわしい（まぎらわしい）	☆
いまだに	☆
ライス	☆
いまさら	☆
リモコン	
ロボコン	
アドレス	
メールアドレス	
プレゼン	
アイデンティティ	
コンプライアンス	
ポリシー	

第3課

文法・練習（話す・聞く）

アルバイト先	☆☆☆
〜先	☆☆☆
家庭	☆☆☆
引っ越す	☆☆☆
インタビューする	☆☆
担当する	☆☆
研修	☆☆
話し合う	☆☆
通勤する	☆☆
これまで	☆☆
減らす	☆☆
〜か国（こく）	☆☆
事情	☆☆
幼稚園（ようちえん）	☆☆
昼寝する	☆☆
帰国する	☆☆
新製品	☆☆
新〜	☆☆
発表会	☆☆
店長	
来社	

文法・練習（読む・書く）

森	☆☆☆
受ける［インタビューを〜］	☆☆☆
本当は	☆☆☆
いつまでも	☆☆
景気	☆☆
これ以上	☆☆
おとなしい	☆☆
しゃべる	☆☆

振る（ふる）［彼女を〜］	☆☆
Tシャツ	☆☆
数（かず）	☆☆
要望	☆
声［市民の〜］	

話す・聞く

切る［電話を〜］	☆☆☆
取る［時間を〜］	☆☆☆
学生用	☆☆☆
〜用［学生〜］	☆☆☆
教授	☆☆
できれば	☆☆
変更する	☆☆
急用	☆☆
気にする	☆☆
コンピューター室	☆☆
〜室	☆☆
渋滞（じゅうたい）	☆☆
秘書（ひしょ）	☆
わざわざ	☆
取引先	☆

読む・書く

あいだ	☆☆☆
やはり	☆☆☆
危険	☆☆☆
瞬間（しゅんかん）	☆☆
意識	☆☆
調査	☆☆
傾向	☆☆
避ける（さける）	☆☆
グラフ	☆☆

時（とき）	☆☆
最高に	☆☆
前者	☆☆
後者	☆☆
恋	☆☆
幸せ	☆☆
感じる	☆☆
寝坊する	☆☆
アンケート	☆
悲観的［な］	☆
もう一つ	☆
寝顔	

第4課

文法・練習 (話す・聞く)

明日（あす）	☆☆☆
スーツケース	☆☆☆
検査する	☆☆
能力	☆☆
マスク	☆☆
目が覚める	☆☆
バザー	

文法・練習 (読む・書く)

うち	☆☆☆
美しい	☆☆☆
深い	☆☆☆
多く	☆☆☆
残念［な］	☆☆☆
敬語	☆☆
感想文	☆☆
運動場	☆☆
いたずら	☆☆
世紀	☆☆
平和［な］	☆☆
人々	☆☆
願う	☆☆
文	☆☆
書き換える	☆☆
合わせる	☆☆
もともと	☆☆
〜湖（こ）	☆☆
さまざま［な］	☆☆
苦しい［生活が〜］	☆☆
性格	☆☆
人気者	☆☆
不安［な］	☆☆
出る［製品が〜］	☆☆
雷（かみなり）	☆☆
認める	☆☆
現実	☆☆
愛する	☆☆
首都	☆☆
若者	☆
朝礼	
校歌	

話す・聞く

受ける［伝言を〜］	☆☆☆
差し上げる［電話を〜］	☆☆☆
急［な］	☆☆☆
留守番電話	☆☆
入れる［メッセージを〜］	☆☆
そのように	☆☆
出る［電話に〜］	☆☆
入る［仕事が〜］	☆☆
取り消す	☆☆
売り切れ	☆☆
案内状	☆☆
〜状［招待〜］	☆☆
遠い［電話が〜］	☆
伝言	☆
メッセージ	☆
来客中	
食パン	
バーゲンセール	

読む・書く

大嫌い（だいきらい）	☆☆☆
大〜［好き/嫌い］	☆☆☆
そば	☆☆☆
時代	☆☆☆
失礼［な］	☆☆☆
〜嫌い	☆☆
順に	☆☆
勧める（すすめる）	☆☆
腹を立てる	☆☆
味わう	☆☆
つなぐ	☆☆
しつこい	☆☆
全員	☆☆
親せき	☆☆
接続する	☆☆
結局	☆☆
早速	☆☆
出席者	☆☆
料金	☆☆
申し出る	☆
数日	☆
取り付ける	☆
エピソード	

第5課

文法・練習 （話す・聞く）

運転手	☆☆☆
教科書	☆☆
俳優	☆☆
そっくり	☆☆
改札［口］	☆☆
居酒屋	
やきとり	
画面	
コンビニ	

文法・練習 （読む・書く）

なくす［戦争を～］	☆☆☆
切れる［電話が～］	☆☆
挙げる［例を～］	☆☆
未来	☆☆
不思議［な］	☆☆
増やす	☆☆
今ごろ	☆☆
観光客	☆☆
かかってくる［電話が～］	

話す・聞く

出る［大通りに～］	☆☆☆
向こう側	☆☆☆
通り	☆☆☆
～先［100メートル～］	☆☆☆
大通り	☆☆
横断歩道	☆☆
突き当たり	☆☆
線路	☆☆
踏切（ふみきり）	☆☆
分かれる［道が～］	☆☆
芸術	☆☆
道順	☆☆
通行人	☆☆
川沿い	☆☆
～沿い	☆☆
流れる	☆☆
～方［右の～］	☆☆
沿う［川に～］	☆

読む・書く

普通	☆☆☆
南北	☆☆
逆	☆☆
常識	☆☆
差別	☆☆
平等［な］	☆☆
位置	☆☆
人間	☆☆
観察する	☆☆
面	☆☆
中央	☆☆
自然に	☆☆
努力する	☆☆
そこで	☆☆
無意識に	☆☆
表れ	☆☆
上下	☆☆
左右	☆☆
少なくとも	☆☆
文句	☆☆
わざと	☆☆
経度	☆☆
緯度（いど）	☆☆
使用する	☆☆
東西	☆☆
南半球	
北半球	
経緯度	

第6課

文法・練習（話す・聞く）

学ぶ	☆☆
一期一会（いちごいちえ）	
フクロウ	

文法・練習（読む・書く）

店員	☆☆☆
遠く	☆☆☆
一生	☆☆
就職する（しゅうしょくする）	☆☆
自分では	☆☆
ゲーム	☆☆
うがい	☆☆
ビタミンC	☆☆
とる［ビタミンを～］	☆☆
太鼓（たいこ）	☆☆
けいこ	☆☆
振る（ふる）［手を～］	☆☆
着陸する	☆
ようこそ	☆
サケ	
タラップ	

話す・聞く

案内	☆☆☆
それでは	☆☆☆
～会［講演～］	☆☆☆
費用	☆☆
条件	☆☆
制度	☆☆
メンタルトレーニング	☆☆
取り入れる	☆☆
レベル	☆☆
週	☆☆
全額	☆☆
半額	☆☆
出す［費用を～］	☆☆
期間	☆☆
日時	☆☆
授業料	☆☆
～料	☆☆
日にち	☆☆
担当者	☆☆
延期する	☆☆
買い換える	☆☆
講演会	☆☆
つかむ	☆☆
交渉する（こうしょうする）	☆
ビジネス	☆
上司	☆
ビジネスマナーセミナー	

読む・書く

見える［アホに～］	☆☆☆
立てる［プランを～］	☆☆☆
そのような	☆☆
想像する	☆☆
イメージする	☆☆
具体的［な］	☆☆
理想	☆☆
近づく	☆☆
指す	☆☆
記者	☆☆
暗い［気持ちが～］	☆☆
世の中	☆☆
同じような	☆☆
閉じる	☆☆
トレーニング	☆☆
つまり	☆☆
過去	☆☆
向き合う	☆☆
そうすれば	☆☆
現在	☆☆
解決する	☆☆
プラン	☆☆
順番	☆☆
記者会見	☆
会見	☆
こそあど	
～ごっこ	
キャベツ	
アホ	
ビジネスマン	
そこから	

第7課

文法・練習 (話す・聞く)

出す［料理を〜］	☆☆
歓迎会（かんげいかい）	☆☆
招待状	☆☆
ラーメン	☆☆
ピンク	☆☆
送別会	☆☆
折り紙	☆
中華レストラン （ちゅうかレストラン）	

文法・練習 (読む・書く)

留学生会	☆☆☆
〜会［留学生〜］	☆☆☆
〜げんか［夫婦〜］	☆☆☆
喜ぶ	☆☆☆
〜たち［子ども〜］	☆☆☆
いじめる	☆☆☆
泣く	☆☆☆
会長	☆☆
点数	☆☆
たいした	☆☆
悪口（わるぐち）	☆☆
夫婦	☆☆
医学部	☆☆
〜部［医学〜］	☆☆
冗談（じょうだん）	☆☆
感心する	☆☆
親	☆☆
あらためて	☆☆
〜山（さん）	☆☆
芝居	☆☆
せりふ	☆☆
感動する	☆☆
講演	☆☆
譲る（ゆずる）	☆☆
きつい ［スケジュールが〜］	☆☆
ライオン	☆
お化け	☆
アニメ	☆
ツアー	☆
一周	
フリーマーケット	

話す・聞く

遠慮する	☆☆☆
失礼	☆☆☆
受ける［誘いを〜］	☆☆☆
空く［時間が〜］	☆☆☆
見物	☆☆☆
音楽会	☆☆☆
表す	☆☆
待ち合わせる	☆☆
交流会	☆☆
いろんな	☆☆
ゼミ	☆☆
せっかく	☆☆
今回	☆☆
同僚（どうりょう）	☆☆
登山	☆☆
紅葉（こうよう）	☆☆
着付け教室	

読む・書く

すると	☆☆☆
〜ぐらい	☆☆☆
丸い	☆☆☆
いばる	☆☆
震える	☆☆
お前	☆☆
いや	☆☆
震えだす	☆☆
助ける	☆☆
次々に	☆☆
おれ	☆
ホームページ	☆
まんじゅう	
ヘビ	
毛虫	
目の前	
ポツリと	
笑い話	
落語	

第8課

文法・練習 （話す・聞く）

眠る	☆☆☆
盗む	☆☆☆
黙る（だまる）	☆☆
取る［ノートを～］	☆☆
焦げる（こげる）	☆☆
枯れる	☆☆
平凡［な］	☆☆
人生	☆☆
免許（めんきょ）	☆☆
取る［免許を～］	☆☆
もったいない	☆☆
鍋（なべ）	☆☆
退職する	☆

文法・練習 （読む・書く）

高校生	☆☆☆
ことば遣い（ことばづかい）	☆☆
生（なま）	☆☆
専門的［な］	☆☆
社会勉強	

話す・聞く

スカート	☆☆☆
迷子	☆☆
しま	☆☆
花柄（はながら）	☆☆
無地	☆☆
背負う	☆☆
姪（めい）	☆☆
特徴（とくちょう）	☆☆
身長	☆☆
ジーンズ	☆☆
髪型	☆☆
肩	☆☆
プラスチック	☆☆
水色	☆
チェック	☆☆
水玉	☆☆
リュック	☆☆
サービスカウンター	
持ち物	
折りたたみ	
青地	
～地（じ）	
持つところ	

読む・書く

反対に	☆☆☆
ひげ	☆☆☆
ページ	☆☆☆
受ける［ダメージを～］	☆☆☆
先進国	☆☆
プラス	☆☆
マイナス	☆☆
共通	☆☆
関心	☆☆
前後	☆☆
対象	☆☆
少女	☆☆
アイディア	☆☆
輝く（かがやく）	☆☆
少年	☆☆
時に	☆☆
与える［ダメージを～］	☆☆
伸びる	☆☆
発展する	☆☆
魅力（みりょく）	☆☆
豊か［な］	☆☆
テーマ	☆☆
述べる	☆☆
途上国	☆
多様化	☆
タイトル	☆
浮力（ふりょく）	☆
キノコ雲	
ダメージ	

第9課

文法・練習（話す・聞く）

決まる	☆☆☆
済む	☆☆☆
タイプ	☆☆☆
豚肉	☆☆☆
牛肉	☆☆☆
サイン	☆☆
性能	☆☆
機能	☆☆
平日	☆☆
将棋（しょうぎ）	☆☆
自慢する（じまんする）	☆☆
気温	☆☆
月別	☆☆
平均	☆☆
予防注射	☆☆
印鑑	☆
降水量	☆
バレーボール	

文法・練習（読む・書く）

最後	☆☆☆
生きる	☆☆☆
国々	☆☆
都市	☆☆
入国する	☆☆
資源（しげん）	☆☆
とれる［米が〜］	☆☆
大雪	☆☆
乾燥する	☆☆
道路	☆☆
どんどん	☆☆
誕生（たんじょう）	☆
実現する	☆☆
金（きん）	☆☆
選手	☆☆
金メダル	
メダル	
バスケットボール	

話す・聞く

しっかり	☆☆☆
商品	☆☆
〜社	☆☆
国語辞書	☆☆
和英辞書	☆☆
載る（のる）［例文が〜］	☆☆
編集する	☆☆
留守番をする	☆☆
柄（がら）	☆☆
書き込み	☆
ジャンプ機能	☆
ジャンプ	☆
付け加える	☆
シンプル［な］	
検索（けんさく）	
例文	
シルバー	

読む・書く

有名人	☆☆☆
競争	☆☆☆
心	☆☆☆
共通語	☆☆
演奏（えんそう）	☆☆
大金持ち	☆☆
表れる	☆☆
今では	☆☆
影響（えいきょう）	☆☆
録音する	☆☆
貸し出す	☆☆
ところが	☆☆
性別	☆☆
地域	☆☆
関係なく	☆☆
娯楽（ごらく）	☆☆
［お］年寄り	☆☆
仲間	☆☆
治す	☆☆
単なる	☆☆
きっかけ	☆☆
暮らし	☆☆
役立つ	☆☆
参加者	☆☆
付け加える	☆
特許（とっきょ）	☆
倒産（とうさん）	☆
誇る（ほこる）	☆
ヒント	☆
交流協会	☆
ＴＳＵＮＡＭＩ	
広報誌	

第10課

文法・練習（話す・聞く）

計画	☆☆☆
もうける［お金を〜］	☆☆
否定する	☆☆
当たる［宝くじが〜］	☆☆
実際	☆☆
見かける	☆
タイムマシン	
宝くじ	
ワールドカップ	
カエル	

文法・練習（読む・書く）

怒る	☆☆☆
めったに	☆☆
通じる［電話が〜］	☆☆
時間通りに	☆☆
かかる［エンジンが〜］	☆☆
鬼（おに）	☆☆
一等	☆☆
投票（とうひょう）	☆☆
［お］互いに	☆☆
抽選（ちゅうせん）	☆
CO_2（シーオーツー）	

話す・聞く

驚く（おどろく）	☆☆☆
出す［修理に〜］	☆☆
聞き返す	☆☆
入る［電源が〜］	☆☆
〜代［60〜］	☆☆
倉庫（そうこ）	☆☆
親しい	☆☆
誤解	☆☆
てっきり	☆
プリンター	☆
マニュアル	☆

読む・書く

指	☆☆☆
または	☆☆☆
記憶（きおく）	☆☆
型	☆☆
〜型（がた）	☆☆
落とし物	☆☆
転ぶ	☆☆
奇数（きすう）	☆☆
偶数	☆☆
ぼんやりする	☆☆
あわて者	☆☆
ミス	☆☆
これら	☆☆
手術	☆☆
患者（かんじゃ）	☆☆
心理学者	☆☆
うっかりミス	☆☆
うっかり	☆☆
こういう	☆☆
一方	☆☆
深く［〜呼吸する］	☆☆
完成する	☆☆
出来事	☆☆
不注意	☆☆
つながる［出来事に〜］	☆☆
おかす［ミスを〜］	☆
手がかり	☆
うそつき	☆
引き起こす	☆
ヒューマンエラー	
チェックリスト	
聖人君子（せいじんくんし）	
エラー	
困った人	

第11課

文法・練習（話す・聞く）

ますます	☆☆
企業（きぎょう）	☆☆
今後	☆☆
方言	☆☆
普及する（ふきゅうする）	☆☆
建つ	☆☆
大家族	☆☆
大〜［〜家族］	☆☆
個人	☆☆
入学式	☆☆
派手［な］（はでな）	☆☆
元気	☆☆
出す［元気を〜］	☆☆
いかにも	☆
パックツアー	

文法・練習（読む・書く）

美容院	☆☆☆
広告	☆☆
寄付する	☆☆
［病院に車いすを〜］	
地味［な］	☆☆
ただ一つ	☆☆
恐ろしさ	☆☆
自宅	☆☆
あわてる	☆☆
落ち着く	☆☆
行動する	☆☆
のんびりする	☆☆
つながる［電話が〜］	☆☆
これまでに	☆☆
南極	☆☆
グレー	☆
原爆（げんばく）	☆
遺跡（いせき）	☆
発掘（はっくつ）	☆
探検	☆
車いす	
ダイナマイト	
シューズ	

話す・聞く

やっぱり	☆☆☆
乗り物	☆☆☆
自由行動	☆☆
価値	☆☆
提案する	☆☆
酔う（よう）［乗り物に〜］	☆☆
さらに	☆☆
軽く［〜体操する］	☆☆
コメント	☆
染める（そめる）	☆
世界遺産	
流氷	
仮装（かそう）	

読む・書く

家内産業	☆☆☆
〜軒	☆☆☆
いくつか	☆☆
屋根	☆☆
農作物（のうさくぶつ）	☆☆
金銀	☆☆
治める	☆☆
くぎ	☆☆
向き	☆☆
抵抗（ていこう）	☆☆
製造する	☆☆
期待する	☆☆
地（ち）	☆☆
やってくる	☆☆
〜城（じょう）［帰雲〜］	☆☆
城（しろ）	☆☆
飢きん（ききん）	☆☆
一人残らず	☆☆
兆	☆☆
分ける［いくつかに〜］	☆☆
積もる［雪が〜］	☆☆
気候	☆☆
観光案内	☆☆
観光地	☆☆
かける［費用を〜］	☆☆
送る［生活を〜］	☆☆
消える	☆☆
黄金（おうごん）	☆
伝説	☆
掌（てのひら）	☆
後半	☆
前半	☆
権力者	☆
保管する	☆
村人	
〜層	
蚕（かいこ）	
火薬	
年貢（ねんぐ）	
住み着く	
一族	
掘り当てる	
数百人	

第12課

文法・練習 (話す・聞く)

- 日（ひ） ☆☆☆
- 演奏会（えんそうかい） ☆☆
- あくび ☆☆
- 犯人 ☆☆
- 追いかける ☆☆
- 作業 ☆☆
- スープ ☆☆
- こぼす ☆☆
- シャッター ☆☆
- 夜中 ☆☆
- 当たる［日が〜］ ☆☆
- 報告書 ☆
- スプレー
- 落書きする

文法・練習 (読む・書く)

- 風邪薬（かぜぐすり） ☆☆☆
- 鳴る ☆☆☆
- 暮らす ☆☆
- 書道 ☆☆
- 蛍光灯（けいこうとう） ☆☆
- メニュー ☆☆
- 目覚まし時計 ☆☆
- 温暖［な］ ☆☆
- 家事 ☆☆
- ぐっすり［〜眠る］ ☆☆
- 迷惑（めいわく） ☆☆
- かける［迷惑を〜］ ☆☆
- 乗り遅れる ☆☆
- バイク

話す・聞く

- 遅く ☆☆☆
- あまり ☆☆☆
- 苦情 ☆☆
- ［お］帰り ☆☆
- どうしても ☆☆
- 自治会 ☆☆
- 役員 ☆☆
- ＤＶＤ

読む・書く

- 受ける［ショックを〜］ ☆☆☆
- おかしな ☆☆☆
- サンダル ☆☆☆
- 虫 ☆☆☆
- 安全性 ☆☆☆
- それまで ☆☆
- 騒々しい（そうぞうしい） ☆☆
- 分かれる［意見が〜］ ☆☆
- 奥様 ☆☆
- おいでいただく ☆☆
- 苦労 ☆☆
- たまらない ☆☆
- 都会 ☆☆
- 住宅地 ☆☆
- ホーム ☆☆
- 加える ☆☆
- さっぱり［〜ない］ ☆☆
- 乗客 ☆☆
- 含む ☆☆
- 発車ベル ☆☆
- 必ずしも［〜ない］ ☆☆
- 近所づきあい ☆☆
- 座談会 ☆
- 虫の音（ね） ☆
- 配慮する（はいりょする） ☆
- チャイム ☆
- コマーシャル ☆
- カルチャーショック
- アナウンス
- 中略
- ピーピー
- 車内

執筆者
　高梨 信乃　　関西大学外国語学部 教授
　中西久実子　　京都外国語大学外国語学部日本語学科 教授

表紙イラスト
　さとう恭子

みんなの日本語中級Ⅰ
くり返して覚える単語帳

2015年 3月 3日　初版第1刷発行
2024年10月30日　第 7 刷 発 行

編　著　スリーエーネットワーク
発行者　藤嵜政子
発　行　株式会社　スリーエーネットワーク
　　　　〒102-0083 東京都千代田区麹町3丁目4番
　　　　　　　　　トラスティ麹町ビル2F
　　　　電話　営業 03（5275）2722
　　　　　　　編集 03（5275）2725
　　　　https://www.3anet.co.jp/
印　刷　倉敷印刷株式会社

ISBN978-4-88319-709-5　C0081
落丁・乱丁本はお取り替えいたします。
本書の全部または一部を無断で複写複製（コピー）することは著作権法上での例外を除き、禁じられています。
「みんなの日本語」は株式会社スリーエーネットワークの登録商標です。

みんなの日本語シリーズ

みんなの日本語 初級I 第2版

- 本冊（CD付） ……………… 2,750円(税込)
- 本冊 ローマ字版(CD付) …… 2,750円(税込)
- 翻訳・文法解説 …………… 各2,200円(税込)
  英語版／ローマ字版【英語】／中国語版／韓国語版／
  ドイツ語版／スペイン語版／ポルトガル語版／
  ベトナム語版／イタリア語版／フランス語版／
  ロシア語版(新版)／タイ語版／インドネシア語版／
  ビルマ語版／シンハラ語版／ネパール語版
- 教え方の手引き …………… 3,080円(税込)
- 初級で読めるトピック25 …. 1,540円(税込)
- 聴解タスク25 ……………… 2,200円(税込)
- 標準問題集 …………………… 990円(税込)
- 漢字 英語版 ………………… 1,980円(税込)
- 漢字 ベトナム語版 ………… 1,980円(税込)
- 漢字練習帳 …………………… 990円(税込)
- 書いて覚える文型練習帳 …. 1,430円(税込)
- 導入・練習イラスト集 ……. 2,420円(税込)
- CD 5枚セット ……………… 8,800円(税込)
- 会話DVD …………………… 8,800円(税込)
- 会話DVD　PAL方式 …… 8,800円(税込)
- 絵教材CD-ROMブック ……. 3,300円(税込)

みんなの日本語 初級II 第2版

- 本冊（CD付） ……………… 2,750円(税込)
- 翻訳・文法解説 …………… 各2,200円(税込)
  英語版／中国語版／韓国語版／ドイツ語版／
  スペイン語版／ポルトガル語版／ベトナム語版／
  イタリア語版／フランス語版／ロシア語版(新版)／
  タイ語版／インドネシア語版／ビルマ語版／
  シンハラ語版／ネパール語版
- 教え方の手引き …………… 3,080円(税込)

- 初級で読めるトピック25 …. 1,540円(税込)
- 聴解タスク25 ……………… 2,640円(税込)
- 標準問題集 …………………… 990円(税込)
- 漢字 英語版 ………………… 1,980円(税込)
- 漢字 ベトナム語版 ………… 1,980円(税込)
- 漢字練習帳 ………………… 1,320円(税込)
- 書いて覚える文型練習帳 …. 1,430円(税込)
- 導入・練習イラスト集 ……. 2,640円(税込)
- CD 5枚セット ……………… 8,800円(税込)
- 会話DVD …………………… 8,800円(税込)
- 会話DVD　PAL方式 …… 8,800円(税込)
- 絵教材CD-ROMブック ……. 3,300円(税込)

みんなの日本語 初級 第2版

- やさしい作文 ……………… 1,320円(税込)

みんなの日本語 中級I

- 本冊（CD付） ……………… 3,080円(税込)
- 翻訳・文法解説 …………… 各1,760円(税込)
  英語版／中国語版／韓国語版／ドイツ語版／
  スペイン語版／ポルトガル語版／フランス語版／
  ベトナム語版
- 教え方の手引き …………… 2,750円(税込)
- 標準問題集 …………………… 990円(税込)
- くり返して覚える単語帳 …… 990円(税込)

みんなの日本語 中級II

- 本冊（CD付） ……………… 3,080円(税込)
- 翻訳・文法解説 …………… 各1,980円(税込)
  英語版／中国語版／韓国語版／ドイツ語版／
  スペイン語版／ポルトガル語版／フランス語版／
  ベトナム語版
- 教え方の手引き …………… 2,750円(税込)
- 標準問題集 …………………… 990円(税込)
- くり返して覚える単語帳 …… 990円(税込)

- 小説 ミラーさん
  ―みんなの日本語初級シリーズ―
- 小説 ミラーさんII
  ―みんなの日本語初級シリーズ―
  ………………… 各1,100円(税込)

スリーエーネットワーク

ウェブサイトで新刊や日本語セミナーをご案内しております。
https://www.3anet.co.jp/

《解答》

**みんなの日本語中級Ⅰ
くり返して覚える単語帳**

第1課

文法・練習（話す・聞く）

1. 1）まよ　2）せんぱい
2. 1）④　2）④

文法・練習（読む・書く）

3. 1）あか　2）ちちおや　3）みずうみ
   4）めざ　5）いのち　6）たたみ
   7）ざぶとん　8）ゆか／とこ
   9）せいざ　10）さっか
   11）るすちゅう　12）りっぱ
   13）けってん　14）す　15）にあ
4. 1）④　2）③
5. 1）③　2）④

話す・聞く

6. 1）れい　2）ないよう　3）き、と
   4）ひょうげん　5）ぶぶん
   6）しみんかいかん　7）でんとうてき
   8）じっさい　9）しょうがくきん
   10）すいせんじょう　11）こうりゅう
   12）しかい　13）めうえ　14）ことわ
   15）ひ、う
7. 1）④　2）①　3）④　4）③
8. 1）内容（ないよう）　2）ふだん
   3）司会（しかい）
   4）表現（ひょうげん）
9. 1）断って（ことわって）
   2）引き受けて（ひきうけて）
   3）聞き取って（ききとって）
   4）迷っ（まよっ）

読む・書く

10. 1）いんしょう　2）す　3）かさ
    4）いたば　5）すあし　6）つか、わ
    7）よ　8）よ、と　9）りょこうしゃ
    10）もっと　11）ひじょう
    12）だいひょう　13）ぜんたい　14）し
    15）うご　16）く、あ　17）きゃくま
    18）いま　19）しごとべや
    20）こきゅう　21）しっけ
    22）かいてき　23）せいけつ
    24）ほんぶん　25）いっこだ
    26）しょうがくせい
    27）にちじょうせいかつ
11. 1）④　2）④
12. 1）重ね（かさね）　2）たたんで
    3）閉め（しめ）
13. ①まるで　②最も（もっとも）
    ③実際に（じっさいに）　④ふだん

第2課

文法・練習（話す・聞く）

1. 1）けっか　2）がいらいご　3）まも
   4）ゆうびん　5）えいよう
   6）かんきょう　7）しょう
   8）がくしゅう　9）きじ　10）あた
   11）じけん　12）うば　13）ほ
   14）いがい
2. 1）②　2）①　3）④
3. 1）カロリー　2）環境（かんきょう）
   3）ふいて
   4）①事件（じけん）　②記事（きじ）
   5）ついた

文法・練習（読む・書く）

4. 1）ほんもの　2）と　3）しかく
   4）うで

5．1）ふるさと　2）パジャマ

話す・聞く

6．1）ふざいれんらくひょう　2）たく
　　3）こうじ　4）きゅうじつ
　　5）だんすい
7．1）②　2）①
8．1）①都合（つごう）
　　　②日と時間（ひとじかん）
　　2）協力（きょうりょく）
　　3）①確かめ（たしかめ）
　　　②話しかけ（はなしかけ）

読む・書く

9．1）にがて　2）まぎ　3）せいかく
　　4）ひっしゃ　5）うちゅうじん
　　6）まった　7）べつ　8）じしん
　　9）ゆうじん　10）たと　11）ばあい
　　12）ふつう　13）ひつよう
　　14）ぶんしょう　15）くら
10．1）②　2）③　3）②　4）②
11．1）①住所（じゅうしょ）
　　　②メールアドレス
　　2）③メール
12．1）紛らわしい（まぎらわしい）
　　2）必要な（ひつような）
　　3）正確だ（せいかくだ）
　　4）下手だっ（へただっ）
　　5）悪く（わるく）　6）いまさら
　　7）全く（まったく）　8）まるで
　　9）例えば（たとえば）
13．①よく　②いまだに　③いまさら

第3課

文法・練習（話す・聞く）

1．1）たんとう　2）さき
　　3）てんちょう　4）けんしゅう
　　5）はな、あ　6）つうきん　7）へ
　　8）ひ、こ　9）かてい　10）じじょう
　　11）ようちえん　12）ひるね
　　13）きこく　14）らいしゃ
　　15）しんせいひん　16）はっぴょうかい
2．1）原因（げんいん）　2）家（いえ）
　　3）事情（じじょう）
　　4）減らす（へらす）
3．1）担当する（たんとうする）
　　2）昼寝する（ひるねする）
　　3）通勤する（つうきんする）
　　4）引っ越し（ひっこし）

文法・練習（読む・書く）

4．1）けいき　2）いじょう　3）もり
　　4）こえ　5）う　6）ようぼう
　　7）ほんとう　8）ふ　9）かず
5．1）①　2）④
6．1）景気（けいき）　2）数（かず）
　　3）しゃべっている　4）いつまでも
　　5）おとなしい

話す・聞く

7．1）き　2）ひしょ　3）きょうじゅ
　　4）へんこう　5）きゅうよう　6）き
　　7）とりひきさき　8）がくせいよう
　　9）しつ　10）じゅうたい
8．1）①　2）④
9．1）取って（とって）
　　2）受けて（うけて）

3) 切って（きって）　4) わざわざ
　　5) これまで　6) できれば

読む・書く

10. 1) しゅんかん　2) いしき
　　3) ちょうさ　4) けいこう　5) さ
　　6) ひかんてき　7) さいこう
　　8) ぜんしゃ　9) こうしゃ　10) こい
　　11) しあわ　12) かん　13) ねぼう
　　14) きけん　15) ねがお
11. 1) ③　2) ②
12. 1) 傾向（けいこう）
　　2) 意識（いしき）
　　3) 瞬間（しゅんかん）
　　4) 感じる（かんじる）
13. ①ふだん　②できれば　③いまだに

第1～3課 復習

1. 1) 者　2) 状　3) 的　4) 料
2. 1) を、目指し（めざし）
　　2) 取る（とる）、に　3) で、ふい
　　4) で、を、歩く（あるく）
　　5) を、重ね（かさね）
3. 1) 使い分け（つかいわけ）　2) やみ
　　3) ①たたんで　②しまって
　　4) 連絡して（れんらくして）
　　5) しゃべ　6) 奪わ（うばわ）
　　7) 清潔に（せいけつに）
　　8) 苦手な（にがてな）
　　9) 快適な（かいてきな）／
　　　快適に（かいてきに）
　　10) 紛らわしく（まぎらわしく）
4. 1) 渋滞（じゅうたい）
　　2) 景気（けいき）　3) できれば
　　4) わざわざ　5) 実は（じつは）

5. 1) かけて　2) 受け（うけ）
　　3) 話し合っ（はなしあっ）
6. ①もう　②いまさら　③わざわざ
　　④できれば

第4課

文法・練習（話す・聞く）

1. 1) けんさ　2) あす／あした
　　3) のうりょく　4) さ
2. 1) ②　2) ①
3. 1) ①バザー　②会場（かいじょう）
　　2) 発表会（はっぴょうかい）

文法・練習（読む・書く）

4. 1) ちょうれい　2) こうか
　　3) けいご　4) かんそう
　　5) うんどうじょう　6) うつく
　　7) せいき　8) へいわ　9) ひとびと
　　10) ねが　11) か、か　12) あ
　　13) わかもの　14) こ　15) ふか
　　16) くる　17) せいかく
　　18) にんきもの　19) ふあん
　　20) かみなり　21) ざんねん　22) みと
　　23) げんじつ　24) あい　25) しゅと
5. 1) ③　2) ②
6. 1) 認めて（みとめて）
　　2) 厳しい（きびしい）
　　3) 残念だっ（ざんねんだっ）
7. 1) 亡くなっ（なくなっ）　2) 出（で）
　　3) 合わせ（あわせ）

話す・聞く

8. 1) でんごん　2) るすばんでんわ
　　3) さ、あ　4) きゅう

5) と、け　6) らいきゃくちゅう
7) しょく　8) う、き
9) あんないじょう

9. 1) ②　2) ①　3) ②

10. 1) 出し（だし）　2) 入れる（いれる）
    3) 入った（はいった）　4) 出（で）

読む・書く

11. 1) じだい　2) じゅん　3) しつれい
    4) すす　5) はら、た　6) あじ
    7) だいきら　8) ぜんいん
    9) すうじつ　10) しん　11) せつぞく
    12) もう、で　13) けっきょく
    14) さっそく　15) と、つ
    16) しゅっせきしゃ　17) りょうきん

12. 1) ①　2) ②

13. 1) ①誘わ（さそわ）　②断っ（ことわっ）
    2) 勧めら（すすめら）
    3) 申し出（もうしで）
    4) ①取り付け（とりつけ）
       ②使った（つかった）
    5) 早速（さっそく）
    6) いつものとおり
    7) 順に（じゅんに）

14. 1) 大嫌いだ（だいきらいだ）
    2) 無料です（むりょうです）

15. ①もともと　②あいにく　③そのまま
    ④結局（けっきょく）

第5課

文法・練習（話す・聞く）

1. 1) きょうかしょ　2) いざかや
   3) がめん　4) はいゆう
   5) かいさつぐち　6) うんてんしゅ

2. 1) 運転手（うんてんしゅ）
   2) 俳優（はいゆう）　3) そっくりな
   4) おとなしく

文法・練習（読む・書く）

3. 1) き　2) あ　3) みらい
   4) ふしぎ　5) ふ
   6) かんこうきゃく

4. 1) 未来（みらい）
   2) 大きくして（おおきくして）
   3) 切れ（きれ）
   4) 増やして（ふやして）
   5) なくす　6) 不思議な（ふしぎな）

話す・聞く

5. 1) そ　2) おおどお
   3) おうだんほどう　4) つ、あ
   5) せんろ　6) む、がわ
   7) ふみきり　8) わ　9) げいじゅつ
   10) みちじゅん　11) つうこうにん
   12) かわぞ　13) なが

6. 1) ④　2) ①　3) ③　4) ②

7. 1) 沿っ（そっ）
   2) 分かれて（わかれて）
   3) 流れ（ながれ）　4) 出た（でた）

8. 1) 道順（みちじゅん）
   2) 渡る（わたる）

読む・書く

9. 1) なんぼく　2) ぎゃく
   3) みなみはんきゅう
   4) きたはんきゅう　5) じょうしき
   6) さべつ　7) びょうどう　8) いち
   9) にんげん　10) かんさつ　11) めん
   12) ちゅうおう　13) しぜん
   14) どりょく　15) ふつう

16）むいしき　17）あらわ
18）じょうげ　19）さゆう　20）すく
21）もんく　22）けいど　23）いど
24）しよう　25）とうざい

10．1）面（めん）　2）常識（じょうしき）
　　3）使用（しよう）　4）しばらく
　　5）わざと

11．1）左右（さゆう）
　　2）南北（なんぼく）
　　3）上下（じょうげ）
　　4）東西（とうざい）

12．①そこで　②わざと　③少なくとも
　　④それに

第6課

文法・練習（話す・聞く）

1．1）いちごいちえ　2）まな

文法・練習（読む・書く）

2．1）いっしょう　2）てんいん
　　3）しゅうしょく　4）とお
　　5）たいこ　6）ちゃくりく　7）ふ
3．1）①　2）③
4．1）就職し（しゅうしょくし）
　　2）振る（ふる）
5．1）受ける（うける）　2）かむ
　　3）とる　4）ひか
　　5）着陸する（ちゃくりくする）
　　6）する　7）戻った（もどった）
　　8）緊張し（きんちょうし）
　　9）自分で（じぶんで）
　　10）自分では（じぶんでは）

話す・聞く

6．1）あんない　2）ひよう
　　3）こうしょう　4）じょうけん
　　5）せいど　6）と、い　7）しゅう
　　8）ぜんがく　9）きかん　10）にちじ
　　11）じゅぎょうりょう　12）ひ
　　13）たんとうしゃ　14）えんき
　　15）か、か　16）こうえんかい
　　17）じょうし
7．1）③　2）②
8．1）①制度（せいど）　②費用（ひよう）
　　　③利用し（りようし）
　　2）①都合（つごう）　②予定（よてい）
　　　③延期し（えんきし）
　　　④申し出（もうしで）
9．1）買い換え（かいかえ）　2）つかむ
　　3）立ち（たち）　4）取れ（とれ）
　　5）レベル　6）トレーニング
　　7）マナー　8）セミナー

読む・書く

10．1）そうぞう　2）ぐたいてき
　　3）りそう　4）ちか　5）さ
　　6）きしゃかいけん　7）くら
　　8）よ、なか　9）と　10）かこ
　　11）む、あ　12）げんざい
　　13）かいけつ　14）じゅんばん
11．1）②　2）③
12．1）①過去（かこ）　②暗く（くらく）
　　2）順番（じゅんばん）
　　3）①閉じ（とじ）　②イメージし
　　　③見え（みえ）
　　4）①向き合わ（むきあわ）
　　　②解決（かいけつ）
　　5）指す（さす）　6）立てる（たてる）
13．1）③　2）②

14. ①つまり　②そのような
　　③例えば（たとえば）　④そうすれば

第4～6課 復習

1. 1) 者、にんきもの　2) 屋、いざかや
   3) 客、かんこうきゃく
   4) 手、うんてんしゅ
   5) 人、つうこうにん
2. 1) 大嫌いだ（だいきらいだ）
   2) 苦しくなった（くるしくなった）
   3) 北半球（きたはんきゅう）
   4) 未来／将来（みらい／しょうらい）
   5) 閉じて（とじて）
   6) 増やしたい（ふやしたい）
3. 1) が、覚め（さめ）　2) に、出（で）
   3) を、立て（たて）　4) を、とっ
   5) に、見え（みえ）
   6) を、出し（だし）
   7) に、沿っ（そっ）　8) に、し
   9) を、受け（うけ）
   10) を、挙げ（あげ）
   11) が、分かれ（わかれ）
   12) が、入っ（はいっ）
   13) に、取り付け（とりつけ）
4. 1) 残念（ざんねん）
   2) 失礼（しつれい）
   3) 不思議（ふしぎ）
   4) 不安（ふあん）　5) 理想（りそう）
   6) 順番（じゅんばん）
   7) 制度（せいど）
   8) 常識（じょうしき）
   9) 感想（かんそう）
5. ①ようこそ　②これから
　　③そのようなときは　④いつでも

第7課

文法・練習（話す・聞く）

1. 1) かんげい　2) しょうたいじょう
   3) お、がみ　4) そうべつかい
   5) ちゅうか
2. 1) 歓迎（かんげい）
   2) 招待（しょうたい）
   3) 出し（だし）
   4) 紹介し（しょうかいし）

文法・練習（読む・書く）

3. 1) りゅうがくせいかい
   2) かいちょう　3) てんすう
   4) わるぐち　5) ふうふ
   6) いがくぶ　7) よろこ
   8) じょうだん　9) ば　10) かんしん
   11) おや　12) いっしゅう　13) しばい
   14) な　15) かんどう　16) こうえん
   17) ゆず
4. 1) 悪口（わるぐち）
   2) 喜ば（よろこば）
   3) いじめる／いじめている
   4) 譲っ（ゆずっ）　5) きつい
5. 1) もともと　2) たいした
   3) あらためて

話す・聞く

6. 1) えんりょ　2) あらわ
   3) しつれい　4) きつ、きょうしつ
   5) ま、あ　6) あ
   7) こうりゅうかい　8) こんかい
   9) どうりょう　10) とざん
   11) こうよう　12) けんぶつ
   13) おんがくかい

7．1）登山（とざん）
　　2）紅葉（こうよう）
8　1）②　2）④
9．1）見物（けんぶつ）
　　2）待ち合わせ（まちあわせ）
　　3）せっかく
10．1）空いて（あいて）
　　2）表す（あらわす）
　　3）受ける（うける）
　　4）遠慮する（えんりょする）
　　5）待ち合わせ（まちあわせ）
　　6）失礼（しつれい）　7）いろんな
　　8）ゼミ

読む・書く

11．1）けむし　2）まる　3）ふる、だ
　　4）たす　5）つぎつぎ　6）め、まえ
　　7）わら、ばなし　8）らくご
12．1）助けて（たすけて）
　　2）震えて（ふるえて）
　　3）丸い（まるい）
13．1）次々に（つぎつぎに）
　　2）すると　3）次に（つぎに）
　　4）それで
14．①できるだけ　②へえ　③いや
　　④すると

第8課

文法・練習（話す・聞く）

1．1）ねむ　2）だま　3）と　4）ぬす
　　5）こ　6）か　7）へいぼん
　　8）じんせい　9）めんきょ
　　10）たいしょく
2．1）②　2）③

3．1）取る（とる）　2）枯れて（かれて）
4．1）たいした　2）平凡な（へいぼんな）
　　3）失礼（しつれい）
　　4）眠って（ねむって）
　　5）退職する（たいしょくする）
　　6）黙って（だまって）
　　7）盗まれ（ぬすまれ）

文法・練習（読む・書く）

5．1）づか　2）なま、さかな
　　3）せんもんてき　4）こうこうせい
6．1）①　2）③
7．1）専門的（せんもんてき）
　　2）伝統的な（でんとうてきな）

話す・聞く

8．1）まいご　2）はながら　3）むじ
　　4）みずたま　5）せお
　　6）とくちょう　7）しんちょう
　　8）かみがた　9）かた　10）も、もの
　　11）みずいろ　12）お　13）あおじ
9．1）③　2）①
10．1）①ついた／ついている
　　　②背負って（せおって）
　　2）した／している　3）ささなく
　　4）①青地（あおじ）
　　　②花柄（はながら）　③スカート
　　5）ジーンズ　6）プラスチック
　　7）①持ち物（もちもの）
　　　②髪型（かみがた）

読む・書く

11．1）とじょうこく　2）せんしんこく
　　3）きょうつう　4）かんしん
　　5）たようか　6）はんたい
　　7）ぜんご　8）たいしょう

9) しょうじょ　10) かがや
11) ふりょく　12) しょうねん
13) の　14) はってん　15) みりょく
16) ゆた　17) の
12. 1) ③　2) ②
13. 1) ①魅力（みりょく）
　　　②感じ（かんじ）
　　2) ①共通（きょうつう）
　　　②述べ（のべ）
14. 1) ①伸びた（のびた）
　　　②与える（あたえる）
　　2) ①発展する（はってんする）
　　　②多様化する（たようかする）
15. ①まず　②ふだん　③時に（ときに）
　　④つまり

第9課

文法・練習（話す・聞く）

1. 1) き　2) す　3) いんかん
　　4) せいのう　5) きのう
　　6) へいじつ　7) しょうぎ
　　8) じまん　9) ぶたにく
　　10) ぎゅうにく　11) きおん
　　12) こうすいりょう　13) つきべつ
　　14) へいきん　15) よぼうちゅうしゃ
2. 1) タイプ　2) 機能（きのう）
　　3) 性能（せいのう）
　　4) 自慢して（じまんして）
　　5) 済ん（すん）
　　6) 決まった（きまった）
3. 1) 平日（へいじつ）
　　2) 気温（きおん）
　　3) 平均（へいきん）
　　4) 印鑑（いんかん）

文法・練習（読む・書く）

4. 1) くにぐに　2) とし
　　3) にゅうこく　4) しげん
　　5) おおゆき　6) かんそう
　　7) どうろ　8) さいご　9) い
　　10) たんじょう　11) じつげん
　　12) きん　13) せんしゅ
5. 1) 生き（いき）　2) とれ
　　3) 実現させる（じつげんさせる）
　　4) 乾燥さ（かんそうさ）　5) どんどん

話す・聞く

6. 1) か、こ　2) けんさく
　　3) れいぶん　4) しょうひん
　　5) こくごじしょ　6) わえいじしょ
　　7) の　8) つ、くわ　9) へんしゅう
　　10) るすばん　11) がら
7. 1) 留守番（るすばん）　2) 柄（がら）
　　3) 機能（きのう）　4) 日記（にっき）
　　5) 載っ（のっ）
　　6) 検索し（けんさくし）
　　7) 探し（さがし）
　　8) 付け加えて（つけくわえて）
　　9) 指す（さす）／
　　　指している（さしている）
　　10) しっかり
　　11) ぴったり　12) はっきり
　　13) ちゃんと　14) 自由に（じゆうに）
　　15) ちっとも

読む・書く

8. 1) きょうつうご　2) えんそう
　　3) とっきょ　4) とうさん
　　5) おおがねも　6) ほこ
　　7) えいきょう　8) ゆうめいじん
　　9) ろくおん　10) か、だ

11）きょうそう　12）せいべつ
13）ちいき　14）ごらく　15）としよ
16）なかま　17）こころ　18）なお
19）たん　20）こうりゅうきょうかい
21）こうほうし　22）く　23）やくだ
24）さんかしゃ

9．1）暮らし（くらし）
　　2）治す（なおす）
　　3）役立つ（やくだつ）
　　4）単なる（たんなる）
10．1）心（こころ）　2）地域（ちいき）
　　3）有名人（ゆうめいじん）
　　4）ヒント　5）性別（せいべつ）
　　6）演奏（えんそう）
　　7）仲間（なかま）
　　8）録音（ろくおん）
　　9）特許（とっきょ）
11．①きっかけに　②それに
　　③今では（いまでは）　④しっかり

第7～9課 復習

1．1）人　2）地　3）肉　4）会
2．1）いばつ　2）枯れ（かれ）
3．1）分かれ（わかれ）
　　2）生まれて（うまれて）
　　3）残す（のこす）　4）つけて
　　5）出て（でて）　6）済んだ（すんだ）
　　7）焦げて（こげて）
　　8）立てる（たてる）
　　9）建った（たった）
4．1）を、背負って（せおって）
　　2）と、待ち合わせ（まちあわせ）
　　3）を、いじめ　4）に、与え（あたえ）
　　5）に、役立つ（やくだつ）、に
5．1）どんどん　2）最後に（さいごに）

3）今ごろ（いまごろ）　4）うっかり
5）たいした　6）次々に（つぎつぎに）
7）単なる（たんなる）

6．①自然に（しぜんに）
　　②少なくとも（すくなくとも）　③そこで

第10課

文法・練習 （話す・聞く）

1．1）ひてい　2）たから、あ
　　3）けいかく　4）じっさい
2．1）①計画（けいかく）
　　　②変更（へんこう）
　　2）見かける（みかける）
　　3）①当たった（あたった）　②もうけた
　　4）①出れ／出られれ（でれ／でられれ）
　　　②喜ぶ（よろこぶ）

文法・練習 （読む・書く）

3．1）つう　2）じかんどお　3）おに
　　4）おこ　5）ちゅうせん
　　6）いっとう　7）とうひょう
　　8）たが
4．1）②　2）③
5．1）投票（とうひょう）
　　2）抽選（ちゅうせん）
　　3）計画（けいかく）
　　4）通じ（つうじ）
　　5）減らす（へらす）

話す・聞く

6．1）き、かえ　2）そうこ　3）した
　　4）おどろ　5）だい　6）ごかい
7．1）③　2）②
8．1）①入ら（はいら）　②出し（だし）

2）親し（したし）
3）驚き（おどろき）
4）聞き返せ（ききかえせ）
5）①誤解（ごかい）
　　②申し訳（もうしわけ）

読む・書く

9. 1）きおく　2）かた　3）お、もの
　　4）ころ　5）きすう　6）ぐうすう
　　7）しゅじゅつ　8）かんじゃ
　　9）しんりがくしゃ　10）いっぽう
　　11）ゆび　12）こま、ひと
　　13）かんせい　14）できごと
　　15）ふちゅうい　16）ひ、お
10. 1）②　2）①
11. 1）奇数（きすう）
　　2）失敗した（しっぱいした）
12. 1）①記憶（きおく）
　　　②落とし物（おとしもの）
　　2）①聖人君子（せいじんくんし）
　　　②大うそつき（おおうそつき）
13. 1）忘れ（わすれ）　2）換え（かえ）
　　3）合う（あう）
14. 1）②　2）③
15. ①ぼんやり　②こういう
　　③一方（いっぽう）　④最も（もっとも）

第11課

文法・練習（話す・聞く）

1. 1）きぎょう　2）こんご
　　3）ほうげん　4）ふきゅう　5）た
　　6）だいかぞく　7）こじん
　　8）にゅうがくしき　9）はで
　　10）げんき、だ

2. 1）普及（ふきゅう）
　　2）大家族（だいかぞく）
3. 1）出し（だし）　2）派手な（はでな）
　　3）今後（こんご）　4）いかにも
　　5）ますます

文法・練習（読む・書く）

4. 1）こうこく　2）びょういん
　　3）くるま　4）きふ　5）じみ
　　6）げんばく　7）おそ　8）じたく
　　9）お、つ　10）こうどう　11）いせき
　　12）はっくつ　13）なんきょく
　　14）たんけん
5. 1）あわて　2）寄付し（きふし）
6. 1）落ち着いて（おちついて）
　　2）急いで（いそいで）
　　3）地味な（じみな）
7. 1）南極（なんきょく）
　　2）広告（こうこく）
　　3）遺跡（いせき）
　　4）探検（たんけん）

話す・聞く

8. 1）せかいいさん　2）かち
　　3）りゅうひょう　4）じゆうこうどう
　　5）ていあん　6）の、もの　7）よ
　　8）かそう　9）そ
9. 1）②　2）④
10. 1）染める（そめる）
　　2）提案し（ていあんし）
　　3）軽（かる）
11. 1）さらに　2）やっぱり
　　3）これまでに
　　4）①それも　②そうだ
　　5）てっきり　6）乗り物（のりもの）
　　7）価値（かち）　8）行動（こうどう）

読む・書く

12. 1) おうごん 2) でんせつ 3) やね
    4) のうさくぶつ 5) きんぎん
    6) おさ 7) てのひら 8) こうはん
    9) む 10) ていこう 11) かやく
    12) せいぞう 13) かないさんぎょう
    14) きたい 15) ぜんはん 16) す、つ
    17) しろ 18) ほ、あ
    19) けんりょくしゃ 20) き
    21) すうひゃくけん 22) ひとりのこ
    23) き 24) ほかん 25) つ
    26) きこう 27) かんこうち
13. 1) 抵抗（ていこう）
    2) 積もる（つもる）
14. ①これまで ②いかにも
    ③実際には（じっさいには）
    ④今後（こんご） ⑤いつまで

第12課

文法・練習（話す・聞く）

1. 1) えんそうかい 2) ほうこくしょ
   3) はんにん 4) お 5) さぎょう
   6) らくが 7) よなか 8) ひ、あ
2. 1) ② 2) ②
3. 1) する 2) 当たる（あたる）
   3) 追いかけ（おいかけ）

文法・練習（読む・書く）

4. 1) く 2) しょどう
   3) けいこうとう 4) めざ、どけい
   5) な 6) おんだん 7) かじ
   8) めいわく 9) かぜぐすり
   10) の、おく
5. 1) ② 2) ③

6. 1) かけ 2) 鳴ら（なら）
   3) 気候（きこう） 4) 部屋（へや）

話す・聞く

7. 1) くじょう 2) おそ 3) じちかい
   4) やくいん
8. 1) ③ 2) ②
9. 1) ①自治会（じちかい）
      ②役員（やくいん）
   2) 残業（ざんぎょう） 3) できるだけ
   4) あまり 5) 途中で（とちゅうで）

読む・書く

10. 1) ざだんかい 2) そうぞう
    3) おくさま 4) くろう
    5) ちゅうりゃく 6) とかい
    7) じゅうたくち 8) むし、ね
    9) しゃない 10) くわ
    11) じょうきゃく 12) あんぜんせい
    13) はいりょ 14) ふく 15) はっしゃ
    16) かなら 17) きんじょ
11. 1) ② 2) ④
12. 1) ①都会（とかい）
       ②近所づきあい（きんじょづきあい）
       ③配慮（はいりょ）
    2) ①ホーム ②安全（あんぜん）
13. 1) ①おかしな
       ②必ずしも（かならずしも）
    2) ①騒々しい（そうぞうしい）
       ②たまらな
    3) 含ま（ふくま）
    4) ①ある ②加え（くわえ） ③とれる
14. ①さっぱり ②それまで ③まるで

第10～12課 復習

1．1）者 2）員 3）生 4）道
　　5）会 6）物 7）院 8）地
2．1）奇数（きすう）
　　2）落ち着いて（おちついて）
　　3）静かな（しずかな）
　　4）後半（こうはん）
3．1）かから 2）入る（はいる）
　　3）かけ 4）当たっ（あたっ）
　　5）分かれ（わかれ）
4．1）方言（ほうげん）
　　2）誤解（ごかい） 3）価値（かち）
　　4）記憶（きおく）
　　5）調査（ちょうさ） 6）きっかけ
　　7）苦情（くじょう） 8）ミス
　　9）あくび 10）迷惑（めいわく）
5．1）に、つながる
　　2）に、助け合い（たすけあい）
　　3）を、もうける
　　4）に、寄付し（きふし）
6．①ぼんやり ②最も（もっとも）
　　③うっかり ④ぐっすり

総復習

1．1）ッセージ 2）ニュアル
　　3）ランス 4）ナウンス 5）ザイン
2．1）手 2）人 3）者 4）家
　　5）者 6）状 7）会 8）屋
　　9）院 10）場 11）無 12）不
　　13）的 14）語 15）中
3．1）清 2）接 3）欠 4）努
　　5）快
4．1）合わせる（あわせる）
　　2）取る（とる） 3）出す（だす）
　　4）着く（つく）
5．1）を、観察し（かんさつし）
　　2）に、出る（でる）
　　3）を、送っ（おくっ）
　　4）が、済んだ（すんだ）
　　5）を、挙げ（あげ）
6．1）取り消して（とりけして）
　　2）震えて（ふるえて）
　　3）述べ（のべ） 4）消えて（きえて）
　　5）製造され（せいぞうされ）
　　6）保管され（ほかんされ）
　　7）期待され（きたいされ）
　　8）担当させ（たんとうさせ）
　　9）①悲観（ひかん）
　　　②楽観（らっかん）
　　10）①権力（けんりょく）
　　　②屋根（やね） ③黄金（おうごん）
　　　④観光（かんこう）
　　11）自由（じゆう）
7．1）親しく（したしく）
　　2）平凡（へいぼん）
　　3）温暖な（おんだんな）
　　4）紛らわしい（まぎらわしい）
　　5）正確（せいかく）
8．①沿い（ぞい） ②先（さき）
　　③向こう側（むこうがわ）
　　④突き当たり（つきあたり）
9．①与え（あたえ） ②目指し（めざし）
　　③愛する（あいする） ④やめて
10．①いつ ②いまだに ③さっぱり
　　④必ずしも（かならずしも）